南懷瑾文化

禪、風水及其他

劉雨虹 著

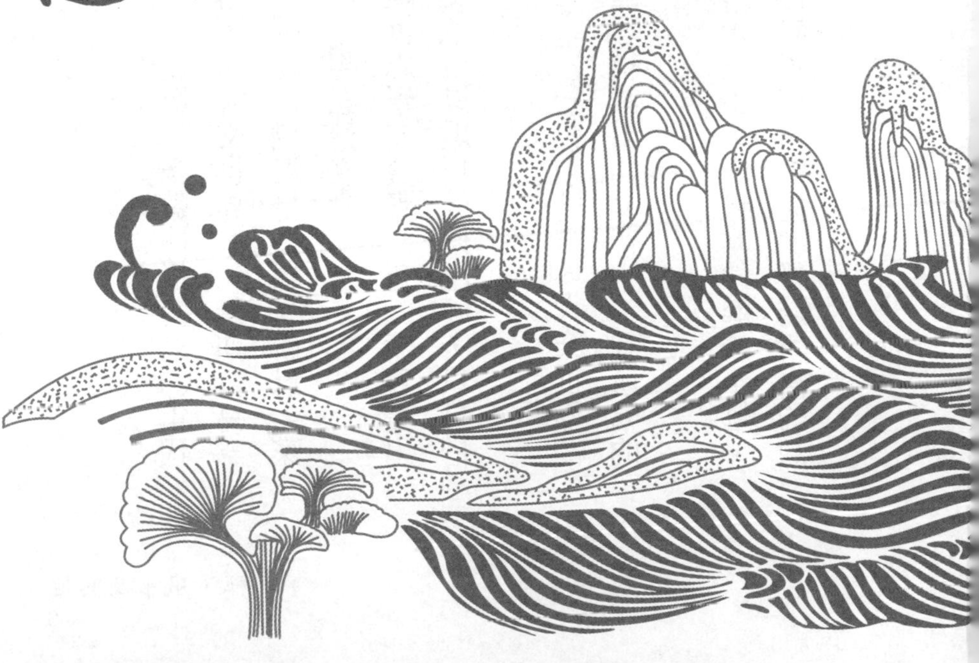

出版說明

這本書是三十年前出版的，內容包括了許多短篇，多數摘錄於七〇年代的《人文世界》月刊。當時南師懷瑾先生創辦了《人文世界》，每期自寫三篇文章，用筆名。其餘各篇，皆由學友們隨意撰寫，以湊足篇幅。所以大家都是筆名，連南師也有三五個筆名，如高公孫、趙一鈺等等。

一九八五年，南師離台赴美，出版社由陳世志學友負責。有一天我去出版社，陳經理對我說，《人文世界》中有些文章可以編輯成冊出版，只可惜不知道作者們是誰，因為都是筆名。

我說，你指給我看吧，大概我都會知道，因為老師創辦《人文世界》時，我也是參與工作的一員。有趣的是，陳經理給我看的文章中，我所寫的占多數，這也就是本書的起源。

記得南師常說，他從來不愛看出版後自己的文章，總覺得醜陋不堪。此話令人頗有同感，因為當時自己為《人文世界》或《知見》雜誌所寫的短文，都是為雜誌填補空白之用，難登大雅之堂，現在要集結成書出版，真覺汗顏。

時至今日，人人手機，個個電腦，閱讀短文已成流行，故而對這本書，常有倡印再版者。印就印吧，於重校之際，不免憶及南師當年開創文化路途時的艱難困苦，以及學子們的熱切追隨之情，真恍如隔世。

劉雨虹 記

二〇一七年春

自序

老古文化公司陳經理說，為應讀者需求，擬出版人文文庫，並收集拙作編成一冊。

多年後再看自己昔日的文字，訝異當初多事，寫這些文章幹什麼！累人累己，本來無一物，偏去惹塵埃！

無奈何！既不能反對，只好贊成，強稱之謂：共襄盛舉，實乃聊充磚瓦，以茲引玉耳！

值此機緣，還得從俗，不免自說自話，以告讀者如下：

有關禪的部分——那只是方便說法，門外淺介而已，與禪相去究有多遠，亦不自知，反正很遠就對啦！

有關風水部分——作者心存期望，盼同胞能從正統文化角度去了解風水，不可人云亦云，以掃除走火入魔的心態，破除迷信的觀念，故而〈風水的問題〉及〈風水和因果〉等篇，立腳點更是很嚴肅的。

其他各篇，除〈心淚〉與〈探親〉為親情的描述外，下餘多為遊戲之作，補白之用，博讀者一粲罷了！

一九八六年仲秋於台北

目錄

什麼不是禪

禪風愈吹愈大了，就像歌星小姐們唱的：吹到東來吹到西！

我們中國的這一寶，自從應聘東渡，再被鈴木（Suzuki）博士吹介到西洋後，詩人、作家、哲學家，欣狂萬分。英國詩人亨佛利（CHRISTMAS HUMPHREYS）在他所著的《禪佛學》（ZEN BUDDHISM）中，闢頭一句話就說：禪是生命的精華與價值，使生命有意義等。

英美的作家、哲學家等，於是大寫禪的書，大家都公認禪是充滿智慧的。原來是作家、哲學家、詩人者，現在又進了禪的大門，當然更加其智慧非同小可，而禪也在眾生的智慧下，更加姿態萬千了。

禪的本來面目是什麼啊！

它先在中國穿上了袈裟，到了東洋又穿上了一件五彩繽紛的和服，臉上塗了藝妓的白粉，再在環遊世界旅行時，套上了一雙高筒馬靴，裝上了長睫毛，又戴上了金黃色嬉皮式的假髮……

不管人們把它裝扮得如何入時，現在讓它洗個熱水澡，還我本來面目吧！

許多學人都在寫：「什麼是禪」！

到底什麼是禪？有誰知道？有誰求證？

據《指月錄》百丈禪師的公案記載，說禪如有一字之誤，來生要變野狐身五百年！確實與否暫且不論，但筆者未達禪的境界，無法說什麼是禪！同時也不甘願冒險，來生與那麼多的野狐精一同被捉進動物園，所以，只好吹一吹什麼不是禪了。

佛學佛教不是禪

印度的佛學到了中國，結合了中國的文化，成為禪的發揚。好比：「馬」小姐嫁給了「驢」先生，生了一個「騾子」。

騾子是馬所生，自幼在馬廄中和馬一塊吃料，和馬用一個桶喝水，騾子還是吃馬媽媽的奶水長大的，它與馬同出同進，如影隨形，連馬的美麗長髮也落了不少根在騾子的身上！

這個騾子真是「馬」氣十足啊！

可是騾子還是騾子！它不是馬，也不是馬的一種，更不是騾馬！

❀ · ❀

釋迦，這位佛學的老祖宗，告訴迦葉說：「吾有正法眼藏，涅槃妙心，實相無相，微妙法門，不立文字，教外別傳。」這不是清清楚楚的說明，禪是佛教以外的玩意兒嗎？

釋迦是禪的種子，同時也是佛學的老祖，所以禪在許多地方用著佛學的字眼，也用著佛學的經典來作解說。

佛教的僧尼，住在寺廟，供奉著釋迦世尊，觀音菩薩等，這是佛教徒心神的依歸，他們是誠心奉拜著的。

但他們除了信奉這個佛教外，有些還在學書法、學詩詞、學繪畫、學禪。

鈴木博士在《禪佛教入門》一書中大意說：禪只好歸類於佛學，別無辦法。

但鈴木卻又說：寺廟的神像，也不過是學禪者心目中石頭與金屬木頭等的結合，或者像山茶花、杜鵑花之類。

他的這種說法，基本上又證明了禪與佛教是分家的。

但鈴木的說法仍顯殘缺，因為這些寺廟中的神像，正足表示學禪的人湊巧為佛教徒而已。

許多信奉佛教的人，在接觸到禪時，發生了困惑，甚至有人對禪發生恐懼之心。

如果能清楚了解禪的自由獨立性，以及其非宗教性，許多的矛盾衝突和混淆不清，都可迎刃而解了。因為學禪者雖有人呵佛罵祖，但也有人敬佛敬祖，既可以不呵佛罵祖，也可以不敬佛敬祖，只看個人的宗教為何了！

所以，禪被列入佛教的幾大宗派之一，有人認為是值得研究的，給禪穿上袈裟，實在勉強。接著日本及英美的專家，也將禪命名為禪佛，等於稱這頭騾子為騾馬！借用佛家的字眼，這真不知是不是什麼「功德」啊！

神通不是禪

略涉獵記載禪方面書籍者，都會發現，以往的所謂中國禪宗大法師，許多都有神通。用淺俗的話來說：千里眼、順風耳，能人所不能，會人所不會。這些記載與說法，或者使人生疑，或者令人生羨。

隨著西方科學的發展，處處在證明，所謂神通並不一定是虛妄。美國有些醫學研究機構，也正在研究禪定時腦波的變化與神通的關係（見一九七〇年八月卅一日美國《生活》雜誌）。

有了神通多好啊！快來學禪吧！學禪可以得神通！這正是有些西方禪的想法與作法。

不久前，筆者與一個外國年輕學禪的人，談到神通時，他說：「總不能要那些人老遠開車來，只是無目的的打坐呀！」言下之意，如果不以神通為目標，這齣禪的戲就唱不成啦！

學禪可能有些副產品，神通也許是其中之一。但如果把神通當作禪，就是不折不扣的邪禪了。

有一個畫家，要畫一張人體美的畫，請來了一個模特兒。但當這個畫家看到了模特兒的胴體時，意念只顧留戀在她美妙的身體上，自覺這個人體就是畫家自己的傑作了，這豈不是一位邪氣的畫家嗎！

靜坐不是禪

王小姐穿了一套三點式的泳衣，站在海灘邊，姿態美妙。一陣陣的海風吹來，海浪捲到沙灘上，淹蓋了她的腳，浪花也沖濺到她美麗的腿上……

「咦！她游泳真棒啊！」一個人讚歎著！這個人是沙漠裡生長的傢伙，從來沒有看見過比一臉盆更多的水，更不知游泳為何物了。

其實，王小姐離游水還差孫悟空幾個跟斗雲呢！

但她既要學會游水，只好先從泡水開始啦！

學禪的人常要從靜坐開始，就像王小姐泡水一樣，但日以繼夜的靜坐，並不是禪，方法與成就究竟還是兩回事。

消極遁世不是禪

「奇怪！老李這些年來沒有消息，搞些什麼名堂？」

「老李已經看穿人生，入山學禪了。」

「那不是步老張的後塵嗎！聽說老張住在廟中，十分清靜，現在打坐時渾身放光，真了不起了！」

老李老張，一個生意賠本，一個宦海失意，二人皆由灰心而消沉，進而拋妻別子，先後都去修禪了。

好不享受！既可以飯來張口，又用不著在人海裡掙扎奮鬥！

再借用佛學的一句話，老李老張，標準的「自了漢」是也！也就是俗語說的：老西兒拉胡琴，「自顧自」。

說到這裡，想起一部描寫神父修女的美國電影，其中有一個天主教學校的學生，因對家庭不滿，故要出家作修女。但修女院院長對她說：出家並不是因為一個人失掉了什麼，而是因為他得到了些東西。

老李老張是因失掉了什麼，消極逃避，這是一個問題。如果達到了禪境，停留在那美妙的境界，並非真正的禪！只顧自我清靜的禪定，是一種自私的享受主義。只有大丈夫，胸懷無窮無盡的慈悲，抱著助人救世的大志，犧牲個人在所不惜者，才可能比美禪的最高成就。國父為拯救億萬中華子孫而從事革命，百折不撓的精神。耶穌為眾生而被釘上十字架的自我犧牲，都有禪的最高境界表現。

禪學不是禪

一位講師寫了一本書，名叫《跳水的方法與訓練》，書中將跳水的起源，種類、方法、及如何訓練等，解說詳盡，插圖齊全，資料豐富，洋洋灑灑，是一本極獲好評的書，他也因而由講師升為副教授了。

豈知偶然機會，將他從跳板上推下水，卻是蛤蟆掉井裡，「撲通」，差一點沒把這位老兄嗆死。

原來他是一個紙上談兵的跳水專家，就稱他為跳水學家吧！

哪知道他的兒子「毛弟」，雖不明白跳水的學問，但自從放假後，天天泡在游泳池，又不斷的從跳板上往水中跳，知道跳水的，是兒子而不是老子。

要想學跳水，只有不斷的跳，禪學也是要身體力行，實事求證的，只論學問並不是禪。

要說什麼不是禪，以上只是部分而已，記得民國十幾年的時代，北方鄉下有許多放腳隊，推行放腳運動，使婦女們從纏小腳的桎梏中解放。這些放腳隊在街上打著洋鼓，吹著洋號，誘鄉下人出來看熱鬧，看到纏小腳的出來，當場捉住，把纏腳布扯掉，一時滿街騷動，腳臭瀰漫，但現在回想，好不快哉！

既然纏腳是多餘的，違反自然的，那麼扯掉裹腳條子就是了，就像餓了吃飯，睏了睡覺一樣的簡單。

要知道禪的本來面目嗎！讓我們先從洗掉資生堂香粉，擦掉蜜斯佛陀眼膏開始吧！

——《人文世界》一卷二期　民國六十年六月

禪意味些什麼

姑蘇城外寒山寺，夜半鐘聲到客船！

在那遠離塵俗，風景優美而冷寂的高山上，有一個廟，裡面住著一個文雅清秀的老和尚。他臉上終日掛著平淡與冷漠，不論打坐也好，寫詩也好，升堂講經也好，總是帶著淡淡的寂寥與哀愁……

這就是許多人心目中禪師的樣子與生活，與其說是參禪，毋庸說是慘。

如果被一群女學生看到了，一定會對他大起同情之心：這個老和尚好慘啊！

「多可憐啊！唉！」

有人可能會流下同情之淚，說不定，碰到一兩個多愁善感的女學生，會因而觸景生情，悲觀厭世，進而跳崖自殺呢！

唉！果然太慘了！

幸虧，這只是我們的胡思亂想而已！

真實的人

我們仔細研究觀察，不難發現，學禪的人首重腳踏實地，從作人開始，那些學禪有成就者，在作人做事方面都具有多種美德，他們雖然身居鬧市，但出污泥而不染，可以說很難在壞人群中發現他們的。

講一句笑話，那些鋃鐺入獄者，上至江洋大盜，下至跳樑小醜，有沒有一個是禪師或學禪的人？

還有那些叛國賊，漢奸之類，可有哪一個是禪宗大德呢？

不錯，南宋確實有一個大禪師，曾被繫獄十載，此人名叫大慧杲，是岳飛同時代的人物。

大慧杲因愛國熱忱，支持正義，而遭秦檜所忌。當時秦檜本擬將其處死，但當押大慧杲赴湖南入獄時，隨行護送的人士竟有十萬之眾，聲勢浩蕩，使秦檜怵目驚心，足證大慧杲是一般人們崇敬的模範。

那時秦檜因恐激起民變，故而不敢置大慧杲於死地，所以這位禪師的入獄，反足證明他是個有血有肉的真實人物。

意志的集中

有一天，一個牌迷朋友來找我，要我陪他去卜卦，因為當天的下午，他要去參加一個輸贏頗大的牌局，而這位老兄一向是十賭九輸的。

「不必卜卦了！」我率直的說：「你學禪吧！包你打牌多贏少輸！」

胡扯八道！他心中在想，天下竟有這等事！

也許是真的吧！他兩眼瞪著我，半信半疑，不知道是否是開他的玩笑。

你為什麼輸？不夠鎮定，有定才能生慧，你沒有定力，當然談不到智慧！

所以你不能眼觀四面，耳聽八方，計算不精確，難免常出錯牌。

偶爾抓到一付大牌，又會兩手發抖，手心冒汗，嘀嘀咕咕。加以受不住別人精神的攻勢，又沒有必勝的信心……

「好啦好啦！」這個牌迷朋友叫起來，「你說學禪為什麼會多贏少輸！」

如果你要學禪的話，首先要學習訓練自已定下來，舉凡衣食住行育樂，都要摒除紛亂，一天廿四小時，不論做什麼，都處在安詳的鎮定境界之中。就好像一鍋正在滾開的泥湯，把火熄掉後，泥沙下沉了，清水也就出現，你不再是那個思想雜亂的傢伙，也不是那個糊糊塗塗的人了，做事當然也就有條不紊，打牌豈能不勝……。

這位牌兄抓住了定的意境，果然打牌逐漸轉敗為勝，不過他以後發現學禪更有意思，反而不打牌了。

後來呢

公園裡，一群小孩子圍著老師坐著，在聽她講故事。這個老師好像剛剛執教不久，自己還梳了兩根大辮子。

「……」

「後來呢？」一個小女孩問道。

「後來公主與王子就結婚了。」老師說。

「後來呢？」另一個孩子又問了。

「後來，他們就快快活活的生活在一起了。」

「後來呢？」

「後來沒有了，故事講完了。」

「快快活活的生活以後呢？」一個小姑娘仍不放鬆。

「他們一直活到很老很老……」老師不得已的說。

「後來呢？」

「後來就死了！」老師不耐煩了，天下哪有不散的筵席！

「死了以後呢？」

「……」

「後來呢？」

老師臉上浮起了迷惑……自己也糊塗起來！

後來呢？老師心中也在問……

到哪裡去？從哪裡來？生命是什麼？……宇宙是什麼？……這一切又是什麼？……

征服自己

有人說，拿破崙可以征服全世界，但卻不能征服自己。

我們能征服自己嗎？

星期天的傍晚。

林小姐穿了一件白紗的衣服，飄飄欲仙的，打扮得十分可愛，準備出門參加晚宴及舞會。

剛一走出大門，從街那邊飛來一隻皮球，不偏不倚恰好落在她的胸口上。

林小姐嚇了一跳。

那潔白的紗衣上立刻留下一團泥巴印！

打球的鄰家孩子們直向她道歉。

唉！真倒霉！氣死人！

只好回去再換一件衣服！這討厭的小鬼頭們！林小姐心中十分氣惱。

仔細想一想，也知道孩子們不是故意的，但心中的不快與氣惱卻無法平復，好像自己的思想與情緒並不由自己控制。

林小姐努力想克服自己無謂的氣惱，但她辦不到，自覺不由自主，她好像不是自己的主人！

自己是誰？

自己的主人又是什麼？

❀・❀

舞會的尾聲。

林小姐兩腿發痠，走到廊子上去透透氣！

天邊閃著一顆星，林小姐被它吸引了，注視著它，漸漸的靜下來了……

室內音樂仍在響著，但漸漸的，聽而不聞了，天邊的星也視而不見了……

剛才的氣惱已不存在了，想克服氣惱的心也不存在了……現在一切都不存在了……自己是誰？自己的主人又是誰？……（且看禪宗的《牧牛圖》）

——《人文世界》一卷三期　民國六十年七月

普明禪師頌

未牧第一

猙獰頭角恣咆哮
犇走溪山路轉遙
一片黑雲橫谷口
誰知步步犯佳苗

普明禪師頌

初調第二

我有芒繩驀鼻穿
一迴奔競痛加鞭
從來劣性難調制
猶得山童盡力牽

普明禪師頌

受制第三

漸調漸伏息奔馳
渡水穿雲步步隨
手把芒繩無少緩
牧童終日自忘疲

普明禪師頌

迴首第四

日久功深始轉頭
顛狂心力漸調柔
山童未肯全相許
猶把芒繩且繫留

普明禪師頌

馴伏第五

綠楊陰下古溪邊
放去收來得自然
日暮碧雲芳草地
牧童歸去不須牽

普明禪師頌

無碍第六

露地安眠意自如
不勞鞭策永無拘
山童穩坐青松下
一曲昇平樂有餘

普明禪師頌

任運第七

柳岸春波夕照中
淡煙芳草綠茸茸
饑餐渴飲隨時過
石上山童睡正濃

普明禪師頌

相忘第八

白牛常在白雲中
人自無心牛亦同
月透白雲雲影白
白雲明月任西東

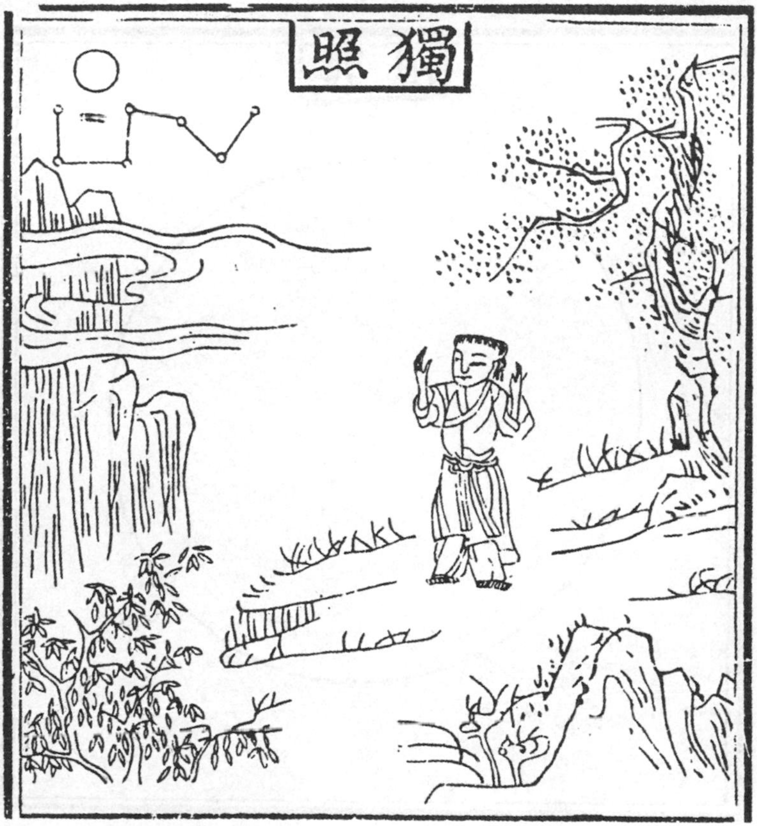

普明禪師頌

獨照第九

牛兒無處牧童閒
一片孤雲碧嶂間
拍手高歌明月下
歸來猶有一重關

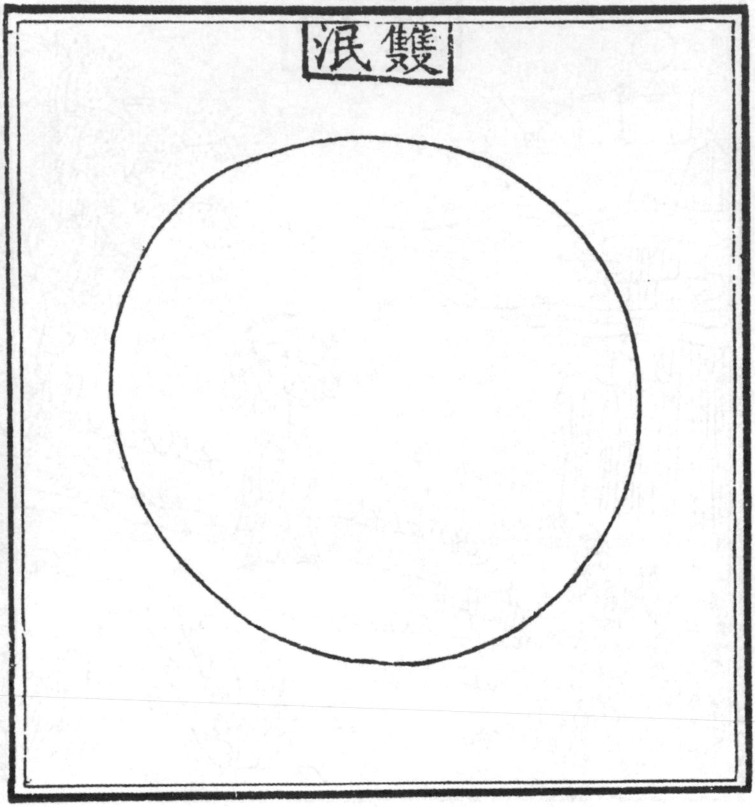

普明禪師頌

雙泯第十

人牛不見杳無蹤
明月光含萬象空
若問其中端的意
野花芳草自叢叢

禪靜的火花

《讀者文摘》七月份，有一篇「老周的腎上腺」，談的是腎上腺的功能，及內分泌如何影響一個人的健康、生命、喜、怒、哀、樂等。

文章的結尾說，老周頂好多多與腎上腺合作，因為任何的憂愁、緊張、煩惱、動怒等，都可以造成腎上腺工作失調，百病隨之而生。

這個結論指示出：要維持身心的健康，首先要靠我們的修養功夫產生的定力，如能常保心境平靜，內分泌才能正常平衡，身心的健康才能得以維持。

健康的身體

「現在門外就算有一堆金條，我也不想去搬了。」杜科長躺在醫院的病床上，哼哼唧唧的說。平常他那股財迷心竅的勁兒，現在一掃而光。

「只要大夫能治好我的病，全部財產送給他都行。」鄰床的方副理說，聽說他已害了不治之病，到了這步田地，世界上的一切：妻子、兒女、金錢、地位，忽然都變成書本上的名辭了，與自己沒有太大關係，什麼也救不了自己。

丁老先生已經八年半身不遂了，再看看住在同一療養院的一些人，那種欲死不得，欲活不能的慘狀，使人對上帝都憎恨起來！萬能的上帝啊！你既然創造了美妙的世界，為什麼又創造痛苦？難道你沒有能力赦免你兒女的罪嗎？

人活著，就要健健康康的，要去時，也是一睡不醒而去，人生豈不理想。

前兩期提到了學禪多從靜坐開始，而靜坐到某種階段時，體內任督二脈自然暢通，如果能達到這種成就，至少可以壽至九十餘歲。在此要特別說明的是，所謂九十餘歲，並不是吃藥打針，動脈硬化等帶病延年至九十餘歲，而是身強力壯的健康狀態到達高齡。

能夠遠離醫藥，健康而長壽，同時看到我們的父母長輩及親友，能在高齡仍健康樂觀，人生的境界，豈不是還不錯嗎？

智慧的增長

張三與李四，誰的智慧高？人與人是不同的。但同是一個人，有時智慧高，有時卻笨得可憐！

錢小姐，在學校是個有名的聰明人。但是她卻人緣欠佳，許多同學討厭她，因為她的脾氣急，在急躁的情況下，常常口不擇言，說出了不妥當的話，有理也變成了無理，得罪了不少人，不能算是智慧的表現。

她的爸爸常常教導她不要衝動，多多鎮靜，可是成效不高。在她因哲學研究而涉足學習靜坐之後，情形卻有了變化，一切都在減慢，一切都趨平靜，連她的重心也在下沉，如果推她一把的話，我猜不見得容易把她推倒。

似乎，血液的循環也慢了。別人一句不入耳的話，也不像以前那樣，馬上使她血流加速，心跳加快了。

一條不能載物的急湍淺流，現在經過人工的努力，變成了一條運河，它的外表變得平凡無波，但深邃而安靜，容納了數萬噸的巨輪航行。

回顧她以往的浮淺喧嘩，今日的成就真是不可同日而語！

智慧由定中產生，你雖不一定變成世上第一流的大智慧，但比以往的你，智慧的增長連你自己都會驚奇！

充滿了快樂

從前有一天，在可愛的地方，是美麗的季節，鳥語花香。

傍晚六時半，我們駕車到山頂俱樂部，標準的豆湯，半熟的牛排、咖啡、跳舞、談天……忽然肚子又餓了！看一下錶，是夜深一時半！懷疑錶一定壞了，分明剛吃過飯沒有多久，應該是九點半才對。這超過的四個小時到哪裡去了？為什麼七小時的時間，在我只感覺了三小時？時間只是個人的主觀與意識造成的東西而已嗎？

一個女孩子在街口拐角上停下來，東張西望，又看了看手錶，顯然，約好的人遲了，她再到處張望，看錶、焦急不安，再看錶，又把錶放在耳朵上聽一聽，也懷疑錶停了！

五分鐘後，來了一個少年，快步上前，兩人各指自己的錶，女孩子賭氣就走，少年緊跟在後頭……我在六樓窗口，無意中看了這幕趣劇，一支香菸尚未燃完，可是那個女孩卻在同一時間中度秒如年。

一分一秒的時間中，究竟能產生多少喜怒哀樂？這些感受與妄念，在修禪定中都能被控制消滅嗎？

我們的一生，如果縮短憤怒、悲哀、痛苦的時間感受，剩下的不都是快樂嗎？

如果能使思想變成空白，那麼我們的長夜漫漫，度日如年，以及此恨綿綿的感受，豈不都與時間斷絕關係了嗎？

秋天黎明的天空，萬里無雲，明亮愉快的碧空一片，它是藍？是青？是光明？是平淡？

不管它是什麼，它充滿了喜悅與快樂。

美滿的人生

「張太太，如果我有你這樣的命就好了！兒女雙全，先生又規矩，身體又健康……」林太太用羨慕的口氣說，因為她自己連一男半女也沒有。

「喲！我命苦死了，天天鬧窮，像人家王太太，花不完的錢，要什麼有什麼。」

王太太確實不錯，住著花園洋房，司機、廚子、下女在侍候著她。可是她兩眉之間卻有兩條深深的皺紋，看樣子，她連睡著的時候，都是緊緊的皺著眉頭的。聽說王先生另築香巢久矣。

「唉！錢多也是麻煩。」林太太感嘆的說。

「人生十全十美的簡直沒有。」高太太也說話了。「什麼叫美滿的人生？有什麼標準啊！」

真的！這三位太太在一起數了半天，把認識的人都算了一遍，發現家家有本難唸的經，所以說來說去，作誰也不理想，還是作自己的好，反正一棵樹上的菓子不可能全是好的，樹葉子也不會同時兩面曬到太陽。

「美滿不美滿全看你自己的心了。」高太太說。

「你說的也對！」張太太說，「向東想不滿意就向西想！討厭的是思想不聽指揮。」

「你看那個青年，因為趕到台灣見不到女朋友，性急而自殺，幸虧救活了，多可惜呀，真癡的可愛又可憐。」

「如果他能此路不通向後轉，一切不是都沒有問題了嗎？」

「你說的倒好，可是感情不聽支配怎麼辦？」

「所以說要學呀！」高太太發表意見了。「要學會管理自己的情感。」

十八歲不幸夭折的少年，活到一百零八歲才死的老壽星，他們生命的不同在哪裡？悟透了這一切，人生的貧富得失，私情私欲是不是微末枝節！能去掉微末枝節的情感包袱，人生不是比較美滿嗎？

美滿是一個角度問題。早上老張面對東，他說太陽在他前面。老李非說太陽在後面不可，因為他是面西而立。

永恆的生命

戲臺上正在唱一齣熱鬧的《西遊記》，孫悟空與豬八戒大戰雲棧洞，打鬥的十分熱鬧。

也許演孫悟空的一時忘記這是舞臺，真的對準豬八戒一棍，演八戒的那個演員疼的直咬牙，回手向悟空的頭上就是一鋤，打得悟空兩眼冒金星，回身就踢了一腳，兩人卻變成假戲真做了，甚至禍延他人，旁邊的唐僧也挨了一下子。

唐僧究竟是唐僧，七情六欲頗能控制，所以照演他的戲，沒有捲入漩渦。

戲散了，大家轉入後臺，脫掉戲裝，洗掉粉墨，成為另外一個角色。表面上，戲已成過去，無形中，事情並未全成過去。他們的心中種下了芥蒂，不知何年、何月、何日、何地，在何種情形下再度發生作用。

既然登臺唱戲，要認清自己的角色，努力以赴，作到盡善盡美，但戲是要散的，散了戲大家都成為另外的人，但還是有你，也還有我。

我們的人生舞臺怎麼樣？登場受萬千歡呼，有多麼陶醉？默默無聞又有多少不幸？那只是角色而已，曲終人散是否真正可悲？

在糊塗的歲月中，明瞭了生命的價值，控制了生命的根本，達到了永恆的境界。

學了靜坐首先促進了身心的健康，進一步又增加了自己的智慧，作一個完美的人，能夠在各種困難的環境中奮鬥而不覺苦惱，生活變得快樂而美滿，成功反較想像的高。

有一天，聽到飛機的吼聲，看見彩色電視的光影，也許頓悟生命的來源與真諦，再證到了宇宙萬有的起源，與生命的根本永恆合一，這是什麼味道啊！

——《人文世界》一卷四期　民國六十年八月

學禪須及時

禪是要學的，看書自修，道聽途說，只能在理論知識方面獲益，但學禪的實證工作，像物理化學的實驗室工作一樣，是需要在老師的技術指導下，才能順利的進行。

如果進了化學實驗室，沒有教師指導，我們可能不敢動手，或者是浪費許多摸索的時間，更可能造成了偏差。許多人走火入魔，就是因為缺乏良師指導的原故。

另有許多從師而有相當成就的學禪者，因為執著於某種角度，尚且會變成正中之偏，雖然在這個圓心，稍有偏差似無大礙，但當這條線延伸出去時，這一角度的偏差，就變成十萬八千里了。

所以說，口頭禪，不難，實證的工夫卻不是可以無師自通的。

人人可以學禪

「阿里山的少年壯如山……」阿旺兩腳站在稻田中，一邊插秧，一邊唱。他的臉上曬得黑黝黝的，不停地流著汗水。

在同一時間中另外一個大學教授，正坐在冷氣的房間中，房中堆滿了哲學、文學、歷史的書籍，他的學問淵博，是人人皆知的事實。

相比之下阿旺是既無知識，又無學問，但若是說到智慧的話，阿旺的智慧並不一定低於這位教授先生。

根據語言學家的統計，從前美國的西部牛郎，一生生活在牧場，從出生到老死，他們說話所使用的單字，僅僅只有三百個而已。

從文字教育的立場上來說，這些牛郎離知識實在太遠了。但是教育的欠缺，並沒有阻礙了他們的智慧，他們也和任何受過高等教育的人一樣，有著智慧的高下和不同。

學禪是人人平等的，禪的原始說明不立文字，文盲與高等知識分子，可能有一樣的智慧。

禪指示出世人的絕對平等性，禪所發揚的，正是人人與生俱有的，永恆圓融的本性。

什麼時候學禪

「我的記性不好，什麼也不能學。」一位老先生說。

「我們天天忙成這個樣子，哪有時間去學這些玩意兒。」一位事業蓬勃的中年人說。他平日生活工作緊張，一得空，還要上歌廳去輕鬆一番呢。

「等到退休再說學禪學道吧！」這是年輕人的話。

可是這些都是自我觀念。

崔先生坐在屋子裡，他清清楚楚的聽到，在外面，自己的孩子們，與巴西本地的孩子們說得很起勁，崔太太也正與鄰家的巴西太太，有說有笑的。

回想一年前，剛移民到巴西來時，太太與孩子們，一句葡萄牙話都不會，而自己在出國前兩年，每天花數小時所學的葡萄牙話，到此之後，也只算是聊勝於無而已。

生活實際的磨練，真是不可思議。太太和孩子們，並沒有特別花時間去學，他們只是隨時提醒著，注意著，學習著。他們的日常生活與工作，亦沒有受到阻礙與任何妨害。

禪也是存在於生活中的，不能脫離生活。生活的熙熙攘攘，忙忙碌碌，正是學禪的溫床。在生活中歷練的，才是真實可貴的，正所謂：「三千大千世界，何處不是道場」。

你每天有十分鐘的空閒嗎？如果有的話，你就可以開始了。

倒空你的咖啡杯

想喝一杯咖啡嗎？甜的也好，苦的也好，先把你面前的杯子倒空吧！

你也許看過不少禪學的書，又懂得一些禪機之類，說不定，也會背誦些禪師的詩，那些暗示人性，啟發人生的詩詞，曾在社交場合中，茶餘酒後，替你贏得了不少羨慕和讚揚。

最可能的是，你自己已覺有了心得。

一個裝滿了的杯子，如何能再容納下任何東西呢！

成見、固執、自滿、自驕，都是你的障礙，先倒空你的杯子吧！

尋師

那年筆者在四川白沙，上大學先修班，教化學的老師是位東三省籍的，極富教書天才，把這門討厭的化學，應用到日常生活，教得像說滑稽故事一樣，全班哄堂。而枯燥的化學方程式，至今廿餘年，仍能牢記不忘。

黃檗禪師曾說過：大唐國內無禪師。以唐代禪宗之發達，學禪人眾之多，有成就者亦頗不乏人，怎麼能說無禪師呢。

接受了近代教育，我們才知道，不是老師有沒有學問的問題，而是會不會因人施教的問題。

紀政如果沒有遇到瑞爾這位教練，她今日的成就會不會如此，我認為大有問題。如果瑞爾是一個沒有田徑場上經驗的人，而只是一個體育理論家，一切也就更不可想像了。

餘言

可憐的我們！生活在什麼世界呀！

空氣污染，噪音污染，水源污染，李四張三都在月亮上漫步，比起以往簡單清淨的歲月，難怪不少左鄰右舍，親朋好友，精神都陷在病亂之中了。我們也許身在輕微的病中而不自知，精神意識陷入偏激而不自知。

如果，精神有問題的話，絕對不可以學禪，等到精神恢復正常再學不遲。

——《人文世界》一卷五期　民國六十年九月

卡普樂的新一步

美國禪學大師，卡普樂（PHILIP KAPLEAU）先生，於今年三月十五日，帶領弟子二人，前往台灣訪問，共停留十一日。卡普樂在台期間，曾於台北中山堂，舉行三次公開講演，題目是：

一、投筆從禪的歷程（三月十九日）。

二、神祕的東方，現實的西方（三月廿一日）。

三、佛學未來的展望（三月廿三日）。

卡普樂此次訪台，對美國未來禪宗的發展，具有巨大的歷史意義，對於美國的文化，必然會產生沖激的作用。

禪宗是中國的文化，這個文化的形成，是印度佛法的種子，移植於中國文化的土壤中，發芽開花而結的果實。所以說，禪宗是中國的文化。

根據史料的記載，印度和尚達摩，於梁武帝普通七年，來到了中國。他在河南嵩山的少林寺中，大約住了九年之久。「面壁而坐，終日默然，人莫測之，謂之壁觀」。

達摩後來傳法於慧可，稱為二祖，再傳三祖僧璨、四祖道信，五祖弘忍，直到六祖惠能。那時是唐朝禪宗鼎盛的時期，《六祖壇經》就是惠能教化的記錄。早年胡適博士，曾對此經反覆考證，這本《六祖壇經》，也早已經有英文譯本問世。

當達摩來到中國的時候，中國文化正是儒道兩家學術鼎盛時期。中國文化，一向是以儒道二家學術為主流，就像黃河長江一樣，灌溉了全國。當佛法由印度傳到了中國，大乘的救世思想，正契合了儒家的哲學思想，而佛法的涅槃清淨，又與道家的清淨無為相吻合。因此，佛法來到了中國，很快受到上下各階層的歡迎，修習禪觀的人，也大為興盛。

達摩來到中國以後，傳授心地法門，禪宗的不立文字，簡捷提示，深合中華民族文化之特性，故而自六朝至唐宋之間，修學禪宗的人士，遍及全國。

中國的禪師，大多素質極高，許多是博學名儒，或儒道融通之士。當他們說法時，擺脫了教條文字的束縛，隨時利用機緣，用趣味的文學詞句，指示禪宗的真諦。故而有機鋒轉語，有公案等。禪宗具有特殊的教育方法，在一機一境上，頓然使學者明心見性，見到自己本來面目。禪宗影響所及，舉凡思想、文學、藝術、建築等，皆以具有禪意為最高境界。至此，禪宗已經浸潤了整個中國文化，而導使唐宋文化大放異彩。

禪宗傳到了日本後，情形隨民族特性而轉變，在日本這片土地上，發育成為另一種形態。早期日本來華留學的僧眾，因鑑於史載達摩面壁，所以修行者多數對著牆壁而習靜坐，而中國人卻並不拘泥於面壁之說。

日本人對禪宗也是情有獨鍾，他們大澈大悟的人有多少，不得而知，但是日本的文化，確也受到禪宗的沖激。插花、茶道、劍道，都要沾到一個禪字，現在連香水也有「禪味」了，而日本人室內的空，更是禪宗出世神韻影響的表現。

一八七〇年，日本誕生了一個禪學的重要人物，就是鈴木大拙。此君少年即醉心禪學，常求教於鎌倉禪師今北洪川，及其繼承人釋宗演。鈴木廿七歲赴美，在留美的十一年中，譯介《大乘起信論》，以及《大乘佛教概論》。以後五十年中，用英文寫了廿部專書，成為國際出名的禪學大師。一九四九年被選為日本學術院院士，並獲天皇頒授文化獎章，可見日本政府對文化真正贊助努力。鈴木於一九六六年逝世，享年九十五歲。

禪宗能夠進入西方思想界，確實是鈴木一生的努力，功不可沒。鈴木介紹禪宗入西方英語世界後，很快得到知識分子的迴響與欣賞，廣受重視。在西方物質文明高度發達的社會中，禪宗激起了人們心靈上的浪花，也動搖了造物主安排一切的觀念。

尤其在美國這片國土上，人們追求解脫束縛，及自我心靈悟徹的情緒，特別強烈，而禪宗明心見性的宗旨，正與之不謀而合。

究竟，鈴木一生所致力的，仍是介紹這個學術，而禪宗所重視的修持，以期達到最後的證悟，卻是卡普樂先生有計劃的做了啟蒙工作。

卡普樂生於一九一二年，二次大戰後，以記者的身分，參加納粹及日本戰犯的審判，親眼看過悽慘的集中營，和陰森的煤氣行刑室。這些痛苦的見聞，使他不能忘記也不能再像以往一樣生活下去，於是變賣一切，到日本去學禪宗，可能是希望尋求自己內心的道路和解脫。

十三年來，卡普樂經過了三位日本禪師的錘煉，最後他把習禪的經歷，寫了一本《禪門三柱》（THREE PILLARS OF ZEN），筆觸生動，出版後大為轟動。

卡普樂返美後，正式展開禪宗訓練的推廣實習工作。一九六六年，他在紐約洛契斯特（ROCHESTER）設立了禪的實驗中心。在這裡，經常舉辦禪定訓練，接引了成千上萬的初入門者。同時也在其他國家，舉辦禪七訓練，申請參加的人，大排長龍。其號召力之強，可想而知。

這是自鈴木把文字禪散播到西方後，第一個大規模推行到修持訓練的人。值得我們注意的是，這個擴展，也是首先在知識分子中展開的，就像中國早期的發展一樣。現在卡氏的倡導，更偏重於生活化，發揚禪的精神，以改進人類身心生活的品質。卡氏這些年來的誨人不倦的教化精神，說明了他在修持方面，必定有其層次，而其品德，也定非常人可比的。

現在，這位在日本學禪的美國大師，生平第一次踏上保有中國傳統文化教化的台灣。更重要的是，他終於見到了中國禪宗大師南懷瑾先生，並有機緣，能夠單獨晤談。

南大師在台，曾任輔仁及文化大學教授多年，少年學道，青年學禪。從四川袁煥仙禪師處得法，旋即入峨嵋山閉關三年，時在二次大戰末期。出關後再遠走西藏，學習密法，後由貢噶上師親予印證，並授上師名銜，誠如佛經所述，「通達一切法」。

南師在台灣講學教化卅餘年，著作如《禪海蠡測》《論語別裁》等十幾部，其講述包括儒釋道各家學術，以及《易經》中醫等，無所不有，每年春節期間舉行禪七。南師教化學子的法門，靈活機動，端視學子個人秉賦，加以個別的施教接引。

在卡普樂耕耘下，禪宗已在美國發芽了，這位開拓者現在移動了歷史的腳步，來到台灣，會見了中國的南大師。這是歷史性的重要會晤，誠如卡氏本人所說，他自覺與日本的業緣已經告一段落，他和中國的業緣正在開始，這次的歷史性會晤，毫無疑問的，會直接影響到美國禪宗的境界與方向，對中國的文化而言，也會因外來嚮往者的仰慕，激發國人的自省、重視和再認定。

我們為卡普樂的偉大胸懷和謙抑的情操而鼓掌，也為美國人民開始了禪的文化而祝賀。

——洛杉磯《人文天地》創刊號 一九八四年六月

神通和超能力

在我們生存的世界上，常常有些人，具備了普通人所沒有的特殊能力，中國傳統的說法，稱這種能力為神通。

孟子說：「大而化之之謂聖，聖而不可知之之謂神。」如果神而通之，就能明瞭宇宙間一切的變化。換言之，就是可以知道過去預知未來，以及進一步，更可以做許多他人不能做的事，這就是超能力了。

現在的人，有許多都希望得到神通，去做世人所辦不到的事，根據理論學說，神通是絕對可以辦得到的。

中國的武俠小說中，常描寫到千里眼，順風耳，土遁等。敘述一個人可以聽到千里以外，看到千里以外，可以日行萬里，可以通靈等等，這些都是屬於超能力的神通。

神通的種類

描述神通的典籍很多，以各宗教為最。但比較系統化的論述，以佛學較為清楚易解。

根據佛經的記載，佛說神通有兩大類，一為法身神通，一為報應身神通。

法身神通涉及形而上之學，在此暫不討論，只談報應身神通。

報應身就是我們這個身心的生命，這個生命，可以因五種原因，而產生神通力，即是：

一、報通——這是一個人自然具備的神通力，明白的說，這個神通力是與生俱來的。有些人在小時候，不知不覺中表現了一種超能力，或者能預知某些事情，或者能看到遙遠的景象等。這些能力的產生，是因為其前生修持定力所引發的神通，此生於不自覺中帶來了。

二、妖通——這是妖魔附身所產生的神通，當事人本身也不知曉，等到妖魔離開己身，自己也不再記憶所做的事情，這種妖魔附身時的神通力量，以及時間，都很有限。

三、鬼通——因鬼附在身上而產生的神通，其力量及時間也很有限。

四、依通——依憑一種學術或物件，而產生的神通稱為依通。例如，憑藉陰陽五行或水晶球等，可以推算別人的未來命運，憑藉羅盤可以判斷住宅的吉凶，憑藉符咒法術，可以產生特殊力量等，都是個人的神通力。

五、修通——在神通能力中，努力修學而得到的神通，就是修通。

修學而引發的神通能力

神通力是可以修學而得到的，得到的這種神通力，是屬於自己的能力，而非藉靠外力。進一步說明，這是人類自身潛在的能力，經過修學而啟發出來的特殊能力。依照佛經的解釋，人人都具備了各種各樣的神通力，只是須待啟發而已。

修學而啟發的神通力，也有五種：

一、天眼通——得到這種神通的人，物理世界已障礙不了他的眼睛。這種人隔牆可看，就像電視機一樣，扭開就看見了。尤有勝者，電視機尚須開關轉臺，而天眼通的人，只要心中一想，立刻可以看到。從前英國有一個天眼通的人，被蘇格蘭警場聘用，專門幫助破案。

二、天耳通——得到這種神通的人，距離已不能障礙他的聽力，雖在很遙遠的地方，他仍然可以聽到，只要他想聽的話。俗話順風耳，就是指這一類的神通。

三、他心通——具有這種神通的人，能知他人心中之事，別人心中想些什麼，只要他一注意，立刻就知道了。

四、宿命通——這種神通，是能知道自己過去生命中的一切，甚至過去許多生的事情，功力愈深厚，所知道的愈久遠，這種能力，並不限於知道自己，其他人的過去，照樣可以知道。

五、神足通——得到這種神通的人，可以日行萬里，比飛機還要快，更用不著花錢去坐飛機或搭火車。武俠小說中的縮地法，似乎是指此類神通而言。

如何修學神通

前面所說的五種神通，既然是可以從學習中得到，大家一定想要知道，怎樣學習才能成功。

首先讓我們了解，人體要怎樣的變化，才能引發本身的超能力。依照佛學的理論，神通是由定力而引發的，人的意識長久維持在定境之後，氣質變化了，智慧增加了，接著，神通就來了。

修習定力，一般先從靜坐開始，這也是很多種修行派別的共同必修科目。修習靜坐者，有瑜珈派、天主教、佛教、道家、婆羅門教等，目的都是先練習定力。

有人也許會奇怪，定力為什麼會引發神通呢？簡單的說，當我們的心念平靜下來，妄念意識作用停了下來，久而久之，身體的氣機，回復其原有的自然活動，氣的流通正常了，氣質改變了，智慧自然產生了。再進一步的話，身體通了，精神通了，神而通之不就是神通了嗎？

潛在功能的發揮

練習定力的人，在開始的時候，不容易靜下來，等到有些進步的時候，就有現象出來了。

首先的可能現象，就是感覺身體起變化，氣脈流通，或發冷發熱，或發癢發汗，或不自覺中自身搖動，或感覺輕鬆愉快，或有規律，或無規律，久之，身體健康大為進步，頭腦清利，耳目聰明，氣色光潤。

其實，說穿了這是靜久的必然現象。因為人的潛在功能，有一種生機不絕的力量，在生理學上稱為本能活動。本能活動常在不知不覺中起作用，最明顯的例子是，當我們睡著時，會不自覺的翻身，當我們要跌倒時，兩手自然伸出支撐，這些都是本能活動的現象。

本能活動，就是身體新生力量之生機，因為這不是意識作用而引起的活動。換句話說，如果意識起了作用，反而障礙了人體的本能活動。

所以說，學習靜坐，修持定力，是練習意識作用的平靜無波，並不是練習那兩條腿如何盤法，只不過，兩腿盤得好，比較容易得到定靜的效果而已。

所以，一般意識作用不停，思慮過度的人，會感到疲勞而健康受損。當修習定力的時候，意識進入寧靜狀態，本能活動自然恢復。

在定的狀態久而久之，自己會感覺與眾不同，似乎自己比一般人都聰明，有靈感。

幻境不是神通

現在，問題來了，你自覺超過常人，只是一種意識上的感覺，如果你對這種意識感覺，再自我認真與陶醉起來，接著而來的，可能是潛意識作用產生出的幻覺境界。

有人可能在修定時內部發光，有人可能在暗室見物，如果執著玩耍這種境界，漸漸幻境越來越多，開始則如雲霧、如夢影，繼之則心想上帝，上帝立刻現前，心想觀音，則觀音立刻就到，甚至可以聽到上帝說話，觀音唸經。

修定的人到了這一步，如自認有了神通，還要繼續玩耍這些幻境，就是標準的走火入魔了。許多人到此地步，不但不知道是走火入魔，反而以為是超凡入聖的大人物呢。其實，這些只是幻境，是修學過程中的現象，並非真正的神通。

修定的人，進入幻境者，以女性較多。另外生理上有病態者，心理上多幻想者，亦較易進入幻覺境界。一般說來，女性及兒童等人，容易修得定力，但慧力較不易修得。而男性則慧力易至，而定力難堅。在修習的過程中，要有智慧認清幻境，立即丟捨，不可貪著。等到越過了種種岔路與魔境，真正由正定而引發的神通，才能出現。

第六大神通——漏盡

神通力共有六種，可是前面所提到的，只有五種是修學可得的，而這個最大的神通，卻未包括在內。這個大神通就是漏盡通。

為什麼漏盡通不包括在內，而什麼樣的神通又是漏盡通呢？

漏盡的意思是說諸漏已盡，一切圓滿無缺，有了這種神通的人，宇宙間的時空，及一切障礙，統統消除而成為無所不能。在大乘佛法來說，是證到正覺之道，這些人已成為佛或菩薩了。

諸鬼神等，多半具有前述的五種神通，而人類也可用修行練習的方法，得到這五種神通，不能算是太難。唯有這個漏盡通，卻要發心成佛，努力以赴，才能說有希望，這第六通真不簡單啊！

——取材自《禪海蠡測》

——洛杉磯《人文天地》一九八四年七月

風水的藝術

某年某月的某一天，一位歐洲朋友來訪，手上抱了一本關於中國地理（風水）的英文書（一九七四年出版）。

他進門頭一句話就說：「請你快點給我惡補一下風水吧，我們要回國了，待我回去也好運用一番。」

讀者請不要誤會，本人既非堪輿世家出身，更不是職業地理師，只因二三十年前，偶然涉獵了一本陰陽五行的書，發生了好奇心，就此一錯再錯，與五行八卦風水地理結了不解之緣，實在把自己害得不淺，更因為誤打誤中的說對了一些現象，給自己增加的麻煩就更大了。

言歸正傳，這本書的作者名叫STEPHAN FEUCHIWANG，係英國牛津大學出身，專門研究中國學術。此書係他的碩士論文，本不擬印行，後因許多人有興趣一讀，才勉強出版。

序言中的第一句說：「如果有一個題目，可以吸引西方漢學家的話，那就是中國的風水之學了。」

西方學者對中國風水學的研究，仍在萌芽階段。在十八世紀初期，歐亞文化開始交流，西方有人指出：「中國人最為迷信」（1712 MONTESQUIEU）。到了十九世紀末期，鐵路、教堂要在中國建立時，西方人士才真領教了風水對中國人的強大影響力。

本世紀中葉，西方學者陸續開始研究，而略有整理見諸文字者，多在六十年代以後，而多數的工作，都偏重資料的整理和收集。

可惜的是，這些學者們，於一番苦功研究後，多半不再繼續了。這也證明了風水學的困難和複雜。此書作者也不例外，他曾來台灣，研究儀式和宗教之類。

一個真正瞭解風水學的人，要精通《易經》的數理象，要熟稔陰陽五行及干支之學，對於宇宙間形而上的真理，更要有所悟解，然後才能將一切學理，於人世間的關係變化上，加以詮釋和應用。試問這是何等複雜的事！像這樣的學術，對於沒有文字障礙的中國人，都已經是萬分艱難的了，更何況對於一個西方學者呢！

走筆至此，對於研究風水的西方學者，不禁肅然起敬，他們的好學精神，對文化探討的努力，常是我們望塵莫及的。

反觀我們自已，有些人先斷定這是迷信，對於不瞭解的事物妄加否定，簡直是絕對的主觀，毫無研究精神。

另外有些人，表面不信這一套，怕別人批評迷信，而骨子裡信得一塌糊塗。更有些人，信得如醉如癡，自甘受羅盤的折磨，可憐又可嘆。

對風水一旦發生了興趣，先以消遣的角度進入，那也是一件很有味道的事，作為一個現時代的人，能把風水的研究當作一個業餘嗜好，也是頗有趣味的。當我們走在街上時，不再單調乏味了，東張西望，注意房屋的位置，周圍的環境，不斷的觀察，不斷的預測，再不斷的求證，不斷的研究，也就不斷的學習了。

也許有人會奇怪，前面剛說風水難，現在又說得如此輕鬆，可能嗎？

當然可能。

如果要成為一個真正的專家，那是畢生的工作，不是易事。自古以來，這樣的專家也只有少數幾人。

如果要懂得卦位、陰陽、理氣、三元、三合，也確實不是簡單的事。

但是，在風水學中有一種精神，這種精神的形勢，超越了卦位與物埋的限制，確是人人容易體會，個個可以瞭解的。如果能在這個角度留意，給自己選擇較好的風水，並非難事。

周公與孔子

中國的風水學，到底從什麼時候開始？在文字的記載中有：「壬辰，七年春二月，王命太保召公相宅……二月使召公先相宅，三月周公至洛興工營築，謂之王城，是為東都，曰：此天下之中，四方入貢，道里均也。」（見《綱鑑易知錄》卷三〈周紀〉）

相宅就是看風水，周公要遷都洛陽了，先命內行人去看風水，定好了方位，然後才能動工。他選擇的地點，是天下的中央，便於四方入貢，才能成為王城，這種地點選擇的工作，就是看風水的第一步。

如果選到一個偏僻之壤，交通阻塞，外加環境噪音污染的地方，還能成為王城嗎？

所以，風水的意義就是這樣簡單。

至於我們的孔聖人，有生之年真是麻煩得很，可稱諸事不順，幸虧有了子貢這個高足，是一個風水專家，他替孔老師選了一塊好地方，認為在風水的立場上，可使葬於此地的人，成為後世的萬代師表。

子貢是看對了，孔夫子不但是中華子孫的至聖先師，也是西方心目中的偉大哲人。舉例來說，有一次我在美國經過一個鄉村加油站，赫然貼在柱子上的有一句話：「孔子說在此加油」。這雖是一句廣告，但證明了西方心理，已認為凡是孔子說的，都是對的，大家都應該遵守。

子貢給老師所找的地，用作墓穴，在風水上稱為陰宅。而召公替周公相宅，是為人居住使用，稱為陽宅。

陰宅影響了後代，有時需很久才能發覺其力量。而陽宅影響我們自己日常的盛與衰，作用較快，有時在四十九天後就生效了，慢者一年必見效驗。

根據書上的記載，能否取貴，與祖上陰宅關係很大。陰宅為什麼會影響到後代如此深遠，有一個極深奧的道理，讀者不妨思量思量。

再說子貢這個堪輿專家，如果他的老師不是孔子，而是一個妖道，是一個壞蛋，那麼他的妖術也會在後世大行其道嗎？這些都是很重要的問題，有關於風水的真精神，要瞭解風水的精神領域，先要注意這些重點。

台灣的發展，已經造成很大的人口壓力，活著的人都擠得不可開交，實可不必鼓勵土葬這件事了，所以本文所探討的範圍，也僅限於陽宅而已。另一個原因，本人對陰宅沒有太多經驗，所以也不敢妄言。

一棵樹

誰見過搬一棵樹要看風水的？如非我親眼所見，我也絕對不會相信。

那一年我大概只有十來歲，從城裡隨大人回鄉村探望老家，一切的事物都那麼新鮮、有趣。

那天一早就聽見家中的大孩子們嚷嚷，要去看搬樹，我連忙隨眾出來，看見不遠的鄰居門口，站了四五個人，他家門口長了一棵槐樹，一棵小樹而已，大約只有七八尺高，上面有些細細的枝椏，疏疏的葉子。

孩子們都圍上來看，只見一人拿著羅盤，轉來轉去的，在樹的周圍看了一陣，又說了一陣，然後另外幾個人，在他指導之下挖土，小心翼翼的挖這棵小樹，樹根的土包很大，挖出來後，這幾個人就抬著這棵樹，哼喲哼喲的到了院子裡，放在已經挖好的坑中。

拿羅盤的人又忙起來了，其餘的人都按著他的口令，把這一棵樹在坑中轉轉轉，慢慢的，終於使他滿意了，就說：好了，其餘的人就連忙把土填入坑中，這樣小樹就給搬好了家。

這一幕給我很深的印象，當時只感到鄉人的迷信而已，直到我上了農學院才恍然大悟。

居住在台灣的人，開眼閉眼都看到綠色的樹木，一年四季花開不停，而北方沙漠地帶的一棵樹，有多麼嬌貴真是難以想像，樹木生長本來就夠困難了，如果搬動的話，死亡率就很大了，為了避免樹木遷移後的適應障礙，先用羅盤測量其向陽背陽的角度，在遷移後仍遵照原來的角度，才不會產生水土不服現象，死亡的機會也就大大的減低了。

由一棵樹搬家，來瞭解風水的含義，不是很簡單嗎！

羅盤與公寓

談到看風水，總離不了羅盤，一個羅盤中，包括了八卦、數、六十四卦、廿四山、廿四節氣，以及其他一些細節。如果門外漢看見這個玩意，真是丈二金剛，摸不著頭腦，但是，最中心的一點，就是一個指南針，這是羅盤的心臟。

羅盤的種類很多，但基本上就是這些東西，這個中心的指南針，標明地球磁場，是我們首先要掌握的。想學習看風水的朋友們，不妨先從陰陽五行天干地支入手，再學八卦，六十四卦，熟稔了這些以後，再來看羅盤，那就很容易認識了。

其實，真正熟悉了卦位、干支、廿四山，這些都在自己的心中，只要一個普通的指南針，大約的方位也就可以看了。

可是，風水中的許多問題，羅盤是解決不了的，簡單來說，公寓就是一個大問題。

自從有風水這門學問以來，從未發生過公寓的問題，古來的書籍中，無法找到答案，我也曾請教不少高明的地理師，大家各有各的看法。有人認為二層樓就等於第二進院子，有人認為仍作為第一進，也就是說各自為一個天地。到底誰對？都對都不對，這是時代的變化，要活用，要實驗，才能得到真結果，隨著時代的進步，一切的學問都要迎頭趕上，如果只是死背教條不能真正瞭解，是沒有用的。

紙上談兵

某年某月的某一天，表弟從南部來看我，閒談中得知，在他服務的基地，自從新主管上任，常常出些不大不小的麻煩事，連表弟也跟著忙這些麻煩事。

碰巧這位主管是我認識的人，不但認識其人，並且在多年前，就知道他的生辰八字。

照我的建議，表弟在紙上畫了一個圖，說明主管辦公的大樓，辦公室的門、窗等位置。研判之後，我建議把桌子改變一個方向，他回去就照辦了。也許是巧合吧！一切就平穩下來了。

過了一年多光景，表弟又專程來訪我，原來辦公室搬家了，正副主管在

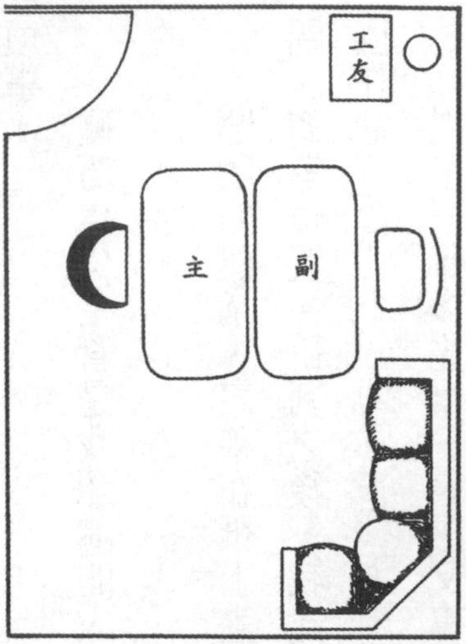

圖一

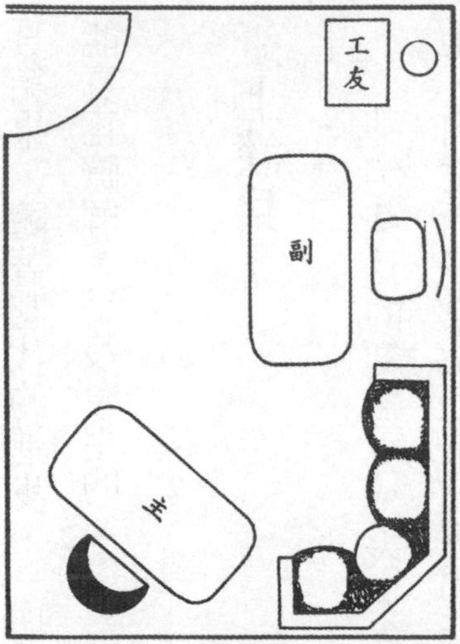

圖二

一間辦公室工作（圖一）。不久，正副二位意見不能統一，任何主管的意見，副座都要反對，大家都很困擾。

我又建議了一個新安排，主副辦公桌都移動了（圖二），實行不久，果然主唱副隨，一切圓滿。

讀者如仔細研判一下，可以發現，在圖一所顯示的，主副兩人桌子地位絕對平等，甚至副座的位置還略佔上風（視界較大可達屋門），客人到窗邊沙發座時，也不會經過他的背後。

反過來看主座，門在背後，客人進出也經過背後，可說是個不安的位置，如何能作一個有效的主管呢？

照圖二重新安排，主座統攬全局，任何人出入，以及室內其他的人員，盡在眼下，主與副有明顯的區分，不再混淆不清，不再平起平坐了。如此一來，也無人能駁反他的意見了！

紙上談兵的這種安排，並沒有運用羅盤，也不論方位，只是根據這個小天地內的形勢，加以合理的調整而已，這不是很容易瞭解的嗎？

通如法師的桌子

一九七八年的二月，紐約大雪後放晴，鍾兄開車帶我和另外兩個友人，到北邊的大乘寺去遊歷，當晚就下榻該寺的客房。

大乘寺的住持是通如法師，當時已經七十多歲了，偌大的一個大乘寺，當掛單的鍾兄離開時，就只有法師一個人了。

當晚，我們一起用餐，法師是江蘇人，早年在南京上過中學，而我則於抗戰勝利後在南京上大學，為南京之故，大家倍感親切。法師是五十歲後出家，是兩年前由港赴美的。一眼看去，就知道是讀書人的底子，所以大家談得很投緣。

次晨再赴飯廳早餐時，無意中經過，看到法師的房間，心中起了一陣不舒服之感。（見圖三）

當我們在離去的路上，我問鍾兄關於法師在此的狀況，鍾兄說：是非很多。

我大吃一驚，中國人真厲害，一個人也會有是非，真是不可思議。後來才知道，是護法（外護）人士中的是非，牽扯了法師，使他極為困擾。

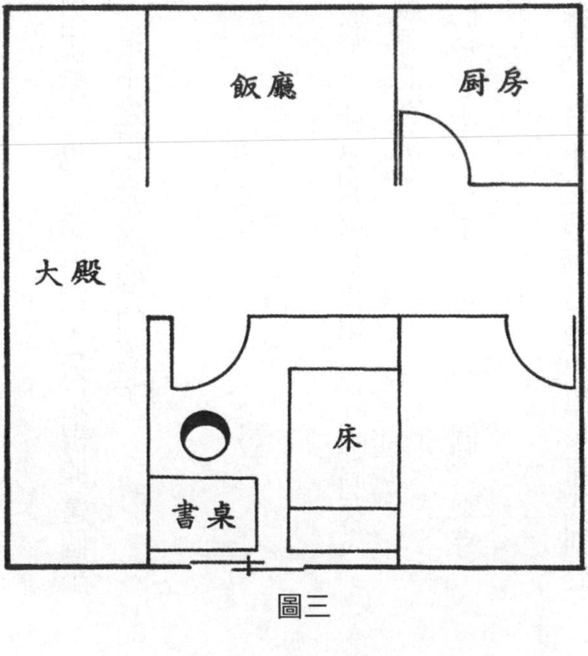

圖三

我告訴鍾兄，當你回去時，不妨便中問一下法師，如果不反對風水的話，頂好把桌子搬一個方向（見圖四）。照我的看法，一個當家住持，住在這個位置的房間，緊靠飯廳，已經不夠莊嚴，不合住持的身分。外加坐在書桌前時，背對於屋門，心神不寧。由大廳至飯廳，人的活動都在法師背後進行，這就是背後有人事是非的象徵。現在改變了桌子的方向，人的活動不會在他的背後，是非一定會減少。

當鍾兄回寺，把我的意見告訴法師後，法師立刻搬遷。此後我時常惦記法師的情形，因為鍾兄也離寺他往，而我也於三月底返台，等到兩年多後再收到鍾兄的信時，才知道法師已經過世了。究竟我的判斷準確與否，也無法驗證了。可是，想到一個老法師，遠涉重洋，

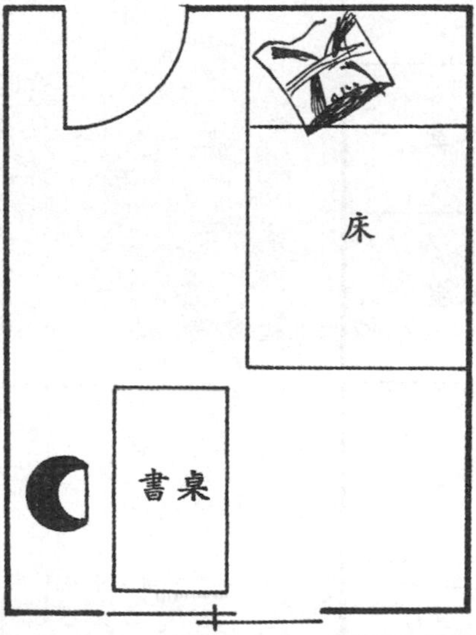

圖四

離鄉別井，為了宣揚佛法，在冰天雪地的異鄉，孤單寂寞，使人真有無限的惆悵。

一箭穿心

這是風水上的一句行話，顧名思義，這種形勢的風水，雖不一定要人的命，但是必會造成家宅的不安。如果是做生意的地方，不但賺不到錢，恐怕連老本都會賠光。

朋友林某，在十年前遷入公寓的三樓（圖五），據他在六七年前告訴我，遷入這個房子不久，就害了心臟病，生意也完了，只好在家

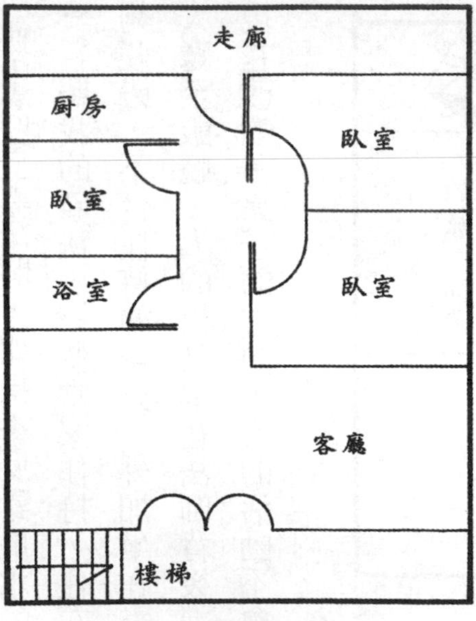

圖五

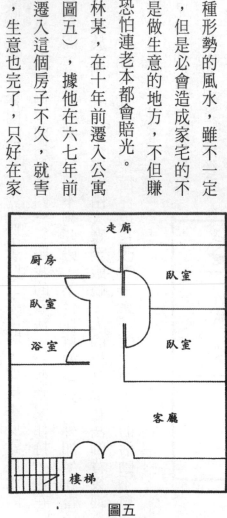

中休養，後來就學佛了。

我們談話時是傍晚，因為我們是多年老朋友，他忽然想到了風水問題，並且徵求我的意見。因為這位老林通曉的法門很多，他不問我，我也不願發表意見。這時我告訴他，我認為他的房子可疑，可能有百分之六十的嫌疑，屬於一箭穿心，從客廳的門，一直穿透到後走廊門外，幸虧屋子樓梯間的門，方向不同，沒有參加併穿，否則不堪設想。

難怪有人囑他不要開後門，他恍然大悟，連忙與我商量解救之道。

我建議放一個書架，高一些的，在客廳通後面的走道前，擋住後面，大約可以切斷這根箭了（圖六）。

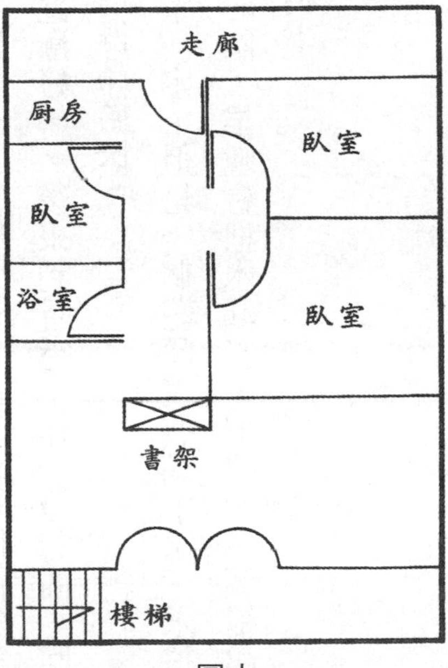

圖六

林君當晚就去南昌街買了一個書架，次晨打電話，約我去看位置對不對。此事已隔五六年了，林君情形逐漸好轉，後來到香港工作一段時間，回台後，兩年前赴某學校工作，生活過得滿愉快。

一個書架有那麼大的功效嗎？不一定，但是一個塑膠袋裝滿了水，永遠是那麼多水，如果下面有一個小洞的話，早晚會把水漏光，把這個小洞補起來是一樁小事，但是關係卻大得很咧！

坐北朝南

稍微留意風水的人，一定都會發現一個共同的觀念，那就是坐北朝南的問題。外國的學者們更是首先注意到中國房屋的這個現象。

自古以來的皇宮、朝廷、豪門巨宅，莫不都是坐北朝南的建築，甚至在台灣也不例外。

說穿了，這個道理非常簡單。中國是坐落在北半球的土地上，八卦的原理也是以北半球的中國為基礎的。因此，南方火，西方金，北方水，東方木，都在羅盤上表達出來。如果中國是坐落於南半球的話，當初伏羲畫卦時，一定不是像現在的樣子，而北方必定變成了離卦（為火）是毫無疑問的。

依照這個原則來看，《易經》八卦的理論，是不能夠隨便搬到南半球去應用的，甚至同是一個北半球，因為地球磁場的偏度（不是絕對的北方），也不敢說都完全適用八卦的原則，這其中一定會有偏差的。這些問題，尚待於學者們繼續的求證。

台灣是一個海島，以山川的形勢來說，與大陸是不同的，以地理位置來說，是在大陸的東南邊上。大陸的河流都是由西北流向東南入海，而台灣的高山位於東部，河流則是西流入海。

為了這個形勢，台灣的房屋坐向，絕對不應該只是注意坐北朝南，在中央山脈以西的地區，坐東朝西的房屋正符合了背山面水的原則，而中央山脈以東的地區，坐東朝西還有避免颱風直吹的優點。

到了任何一個地區，必先了解地理環境和形勢，然後才能判斷方向和方位。

一德二運三風水

有一天，朋友約我去拜望一個他的朋友石君，因為石君住在我家的附近，而說起來大家都是嗜愛登山的同道，所以我就欣然從命。

石君住在三樓，是一個坐東朝西的房子，我雖未帶羅盤，但大致看來，這個房子是很好的。進門再參觀各處，覺得廚房、臥房及其他房間，均配合得宜，為了對自己的看法加以求證，不覺要討教一番，向他問道：

「石先生，你的房子很漂亮，是自己設計建設的嗎？」

石：「這房子買得很偶然，當時我沒打算買房子，那天我跟我太太出來正好經過這裡，看見這個房子已快完工了，我倆進去看了以後，都挺欣賞的，一問之下，只剩下三樓，當時就決心買下，付了定洋，完工後就搬來了。」

我：「你在這裡住多久了？」

石：「已經十年了。」

我：「恕我冒昧的說一句，依我看來，你進來一年後，一定發了一筆財。」

石君聽了就笑了起來，然後謙虛的說：「我一向運氣都不錯。」

其實，照我看來，石君住這個房子一直都是財運亨通的，後來與朋友對證一下，發現果然不差。

有人拚命看風水，找風水好的房子，可是終難如願以償，而石君本來沒有要找房子搬家，卻糊里糊塗的撞上一個風水好的房子。

為什麼呢？

這就是運，他有這個好運，一下子就撞到一個好風水的房子。至於說為什麼他會有這個好運氣，這個問題就更複雜了，甚至牽涉到三世因果，絕對不是偶然的。

又有一天，我正在開車行駛時，忽然發現車溫升高，連忙停下來。附近正好有一家電機行，他幫我加了水，又檢查了一下機油電瓶等，發現並不需要什麼。當我要給他一些服務費時，他又堅決不收，認為加水不應該收錢。但是站在我的立場來說，總是已經受到他的服務了，時間也是金錢呀。

當他替我檢查車子的時候，我已注意到他店鋪的大門。普通這些電機行，前面都是完全打開的，這一家也不例外，只是有一個櫃臺一類的東西，放在門邊，佔據了大門約三分之一的寬度。因為擺置的位置，形成了門的方位，而他放櫃臺的位置恰好左右顛倒（照風水原則）。

這時，對他的好意和熱心，無以回報，我就忍不住問他生意如何？他說平平。

我立刻建議他把櫃子搬到門的另外一角，生意一定會好起來的，他也很高興的接受了，並且立刻就搬。

像他這樣的規矩人，一定是常常以忠厚待人，早晚會碰到一個人，點破他風水的奧祕，這就是德的問題，也是因果的問題。

常有許多人，為了運氣欠佳，拚命要在風水上動腦筋，如果不告訴他一個搬動的方法，他就絕不罷休。又好像我一定會有一個好辦法，能改變他的風水，使他立刻就能大吉大利，發萬貫家財似的。

事實上，絕非如此。有運氣的人會碰上好風水，德行好的人也會碰上好風水，這些都不是強求的，道理在哪裡？明白了這個道理，也就明白了風水的精神了。

紐約華埠

讀者可以找一張美國紐約的地圖看一下，在曼哈頓區，街道都是整齊的，每隔一段固定距離便是一條街，完全是一派有計劃的建造。可是向南端到了華埠，街道卻不是那個整齊的樣子了。

我初次到華埠時，發現街道的問題，就買了一本地圖來，在地圖上看得清楚，華埠多少有些蜘蛛網的形狀，它似乎有個中心，由中心向外擴大。

這時我恍然大悟，紐約的華埠，人口在膨脹，不斷的膨脹。

華埠的外區周圍，從前有些是義大利區，有些是猶太區，比起華埠來，他們只是三五家聚集的小區域而已，隨著華埠人口的膨脹，這些少數民族都以好價錢把地方出讓給中國人，自己則另遷他處謀生了。所以，華埠的範圍越來越大，由五〇年代的二萬人，到了七九年代的廿萬人，增加了大約十倍，當然這個數字包括了經常前來華埠活動、採購的中國人。

如果以普通的眼光來看，中國向美移民增多，這是必然的道理。但是如以風水的立場來看，提綱挈領的華埠地形，可以無止境的延伸，無限境的擴大，直到曼哈頓整齊的街道邊緣為止。

華埠為中心的趨勢，還有另外一個事實。在華埠東南邊就是華爾街，有名的經濟命脈所在地。大家都知道華爾街工作的經濟人士，其中猶太人為數甚多。猶太人喜歡吃中國菜，每逢吃飯時間，許多人只要走兩條街便可以吃到華埠的中國菜。這更形成了華埠的擁擠，也就造成了一種情勢，那就是華爾街雖非華埠地區，可是它的心思與意念卻總是朝著華埠的，這是一個無形的鼓舞和支持。

華埠為什麼如此建造？這方面我沒有明確資料，只知道曼哈頓整齊的街道是後來逐漸改建的，但是為什麼到了南端就不改建了呢？也許是華埠風水的力量過於強盛了，使得改建的工作在接近華埠時自然停止。當然也可能是偶然因素，不過，按照《易經》的原理，天下沒有偶然事件，冰凍三尺，非一日之寒，偶然事件只是長久以來力量的表面化而已。

比利時的新社區

一位比利時的朋友約我去一趟比利時，因為他是十分相信風水的。他說在他居住的附近，有一個新社區，風景多好，房屋也好，他很想搬過去，但是在新社區完成，居戶遷入兩年以來，百分之九十的人都離婚了。

比利時人不了解風水的事，只是奇怪，為什麼搬到那裡的人就會離婚，所以大家都有點躊躇不前。這位比國朋友，也不願造成離婚的結局，所以跑來與我商量。他說，如果我願意赴比利時一趟的話，他可以邀集一些人，共同出資聘請。

聽了他的建議，嚇了一跳，我連忙說，比利時我願意去，但要等到下次自己出遊時順便前往，像我這種半瓶醋的風水知識，只算個人興趣，一家之見而已，如果接受人家的報酬真是罪過。

既然不願應聘，他就提議紙上談兵，給他一些建議。

紙上談兵是可以的，但只限於一個房子，一個房間，如果是關於一個區域的話，就要了解山脈的行走形勢，河川的來去形勢，區域的坐向形勢，這些條件與情況，非要親臨其境不可，絕對不是可以紙上談兵的。

為什麼山川的形勢會影響到人們的婚姻？乍聽起來這似乎是不可能的。但是從另外一個角度來了解，就不難發現環境對人們的影響力。譬如，當我們走進夜總會時，我們會情緒高漲而樂觀。當我們走進殯儀館時，我們會心生悲哀。到了醫院，我們會害怕生老病死的來臨。到了嬰兒室，我們又激發了童心和愉悅。這都是容易了解的環境對我們心情的影響。

但是較大的物理世界，對人產生的影響是緩慢而潛在的，往往不易覺察。西洋早有一種學說，認為月圓的夜晚，犯罪率會提高，這就是物理世界對人情緒影響的明證。

在某種山川形勢影響中，人們也許會慢慢發展自己的獨立個性，使得個人變成堅強獨立，不依賴他人。反映在婚姻生活中，和諧就逐漸消失了，獨特的自我個性發展，使人不願容忍對方，結果自然是離婚。

我對這個區域有興趣一訪，但至今還沒有機緣。

迂迴曲折

在建造一幢房子的時候，頂好是先設計好全部的建築。不幸的是，因為地價高昂，寸土寸金的關係，蓋好房屋後，許多人又會加蓋一部分。站在風水立場而言，這是一個非常冒險的情況。加蓋的部分，往往變得迂迴曲折。也許偶爾碰巧，對風水沒有破壞的影響，但是，大多數而言，不良的影響可能性很高。

迂迴曲折並不是絕對的不好，如果設計得好，自有其美妙處。如果限於地形，勉強湊合的加蓋，那就難說了。這種現象，在台灣光復後不久，日式房屋的加建最為普遍。其中利用鄰居的屋牆建造的，更大有人在。

在陽宅相形歌中有一句話：「搭人牆造屋，三年有一哭。」利用別人的房屋牆壁，搭建自己的房子，在道德上講，總是有些問題。這且不談，形成迂迴曲折的形勢，整棟房屋的精神渙散了。嚴重的話，這棟房子的精神崩潰了，試問，住在這裡的人會怎麼樣呢？

有一個人，在廿多年前開始加蓋他的日式房屋，前面也改建，後面也加蓋，改造了無數次。房間是多了一些，由前到後，還經過一個不見光線的黑走道，雖然只有六尺長，但也真夠曲折的。黑走道過去，倒也有一個別有洞天的臥房在後面，自此以後，整個房子的精神和重點，移到了臥房，全屋的團結精神已經破壞。逐漸的，男主人在外金屋藏嬌，女主人也遠走他鄉，家仍是家，外表仍在，心則四分五裂。也許等到他們全部離開這個房子後，情況才能改變。

曲折迂迴還有更可怕的一種現象，使人覺得那裡有非人類的存在。孔老夫子雖不談怪力亂神，也只是不談而已，他並沒有否定鬼神的存在。依照各宗教的說法，鬼神都是與人類共同存在的。一個曲折迂迴的房子，是捉迷藏的好地方，就算是沒有鬼神居住，處處都有嚇一跳的感覺，日久居住在這種地方，精神不安勢所難免。

聯大和世貿中心

提起紐約的聯合國大廈，誰人不知誰人不曉，當我寫此文時，英國和阿根廷正為福島開火，聯合國調停已經失敗。如果翻一下聯合國的歷史，這是個徒有其名的機構，任何國際的爭論，到了聯合國調停時都是無能為力。比起那個偉大的建築，聯合國的功效真是一大諷刺。

怪只怪這個建築太孤立了，從圖片上可清楚的看到這個大廈高高的孤立在那裡。孤立無援，就像是棋盤上的老帥，這個可憐的老帥既沒有士相的護衛，更沒有車馬砲的配備，只有一些小兵小卒在它的下方而已。試問一個大帥帶領了一群小兵，打個什麼仗？只是孤掌難鳴罷了，還談什麼成功呢。

老實的告訴讀者們，我曾多次經過這個大廈，卻從沒有上去參觀，因為外觀的感受已使我不快，進去看一看，只徒增感嘆而已。

等到有一天，附近有些建築重新改造，普遍升高，而能與聯合國大廈分庭抗禮互相配合的話，那時聯合國的功能自然就改觀了。

再看紐約南端的兩個大廈，稱為雙塔的建築，就是世界貿易中心的所在地。目前來說，這兩個建築是紐約最高的建築，但是不要緊，它們雖高卻不孤立。那位設計師的思想暗合了風水的道理，兩個大廈併立，等於兩弟兄併肩站在一起，至少有個呼應。這樣一來，精神自然不孤立了，我猜原始設計建造的人，對形而上的原理，一定是頗為通曉的。

由此我們再回憶古老的中國建築，在一個建築中有上房、有廂房，各種配備都是整體上的呼應，而且有主有副，決不能有任何的錯亂。

鬼屋

天下有沒有鬼，我沒有見過，不能肯定的說，卻也不能否定，但天下有沒有鬼屋，我的答案卻是肯定的。

因為我曾進去過鬼屋，雖然我沒有看見裡面的鬼，但是我絕對相信，如果天下有鬼的話，這屋中一定有。

那次的經驗說起來實在不愉快，朋友約了無數次，去看看他朋友的房子，如果我仍不去的話，就要與我絕交了。他甚至說：那你不是白學了這門學問了嗎！真氣死人。（奉勸各位讀者，在你對風水有興趣之前，可千萬得三思啊！）結果我只好連忙一同前往。

當我由大街轉入這個巷子時，已覺得不大對勁，進了屋門以後，更感覺很不舒服。後來上樓參觀臥房經過樓梯時，渾身的汗毛都站起來了。

這就是鬼屋，多數的人，平時沒有注意，不會感覺，但有些人就會立刻覺察到不對勁，有些懂得風水的人更是立刻知道這屋內有異類與主人共居。

這家主人一再問我如何改門，如何改床，如何改窗。其實，這個房子根本無從改起，需要開窗的地方，是與鄰居共有的牆，而不該有東西的地方，卻又有幾根柱子等等。

最後我只好勸他賣房子搬家，這主人顯然是不願搬的樣子，因為這房子建造的不錯，是兩層樓的花園洋房，佈置的也講究，想找一幢類似的並不容易（想找一幢類似風水如此不良的房子，也並不容易）。後來，我就告訴陪我去的朋友說：這個房子白貼送我錢，我都不會去住的。

看過這個房子以後，我自己一連三天夜裡睡不安寧，迷信點來說，是撞到了鬼氣，其實，這證明了房屋對人的影響，我只是作客一個鐘頭而已，那住在裡面的人，經年累月的受此影響，如何受得了呢？難怪這一家都在輪流開刀生病了。

他們終於搬走了，我嘛！也就鬆了一口氣了。

貸借好運

在台北街上走，不難發現許多改成斜向的大門。尤其在住宅區的巷道中，坐北朝南的房子，把大門硬改成朝東南，坐南朝北的房子，大門強改成朝西北，這樣東改西改的勉強作法，目的不外乎吸收好運氣，我稱其為貸借好運。

有一個坐北朝南的房子，大門本來是中間朝南，後來就在原地改為朝東南向，這是地理專家的建議，也該算是有根有據的，稱為「離」主「巽」門。無奈房主人不懂風水，大門改好之後，自己又自作主張，把屋門也改了，使得原來向南（離卦）的屋門，改成向西了（如圖七）。

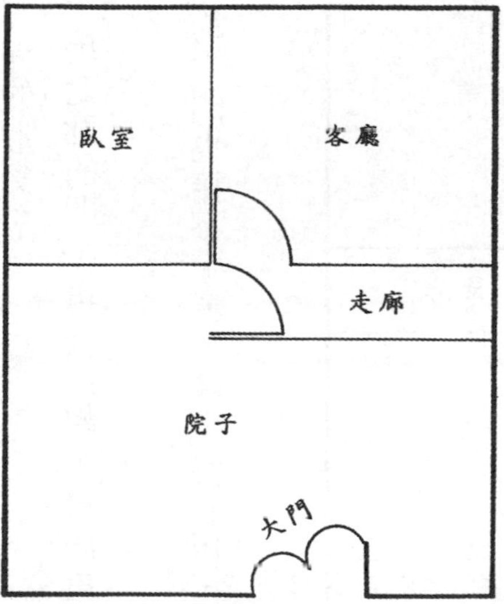

圖七

這樣一來，這家人要出門時就成為下面的形勢：先向南走出屋門到走廊，再向西走出走廊的門，再向南轉，再向東南轉，才走到院子的大門，才能出去。

出了屋門，看不見大門的話，再好的大門也接不上氣，好也沒有用，況且出了屋門，要轉來轉去才看見大門，是費盡周折不通順的現象。

因為這家主人自己覺得很好，我則不願自作多情提出其他的意見，不過我心中認為，他應該作下列改變（如圖八）。

這樣一來，把大門搬到「巽」位，屋門仍在「離」位，在大街上看來，也不是一副勉強的樣子，對自己來說，也順當多了。

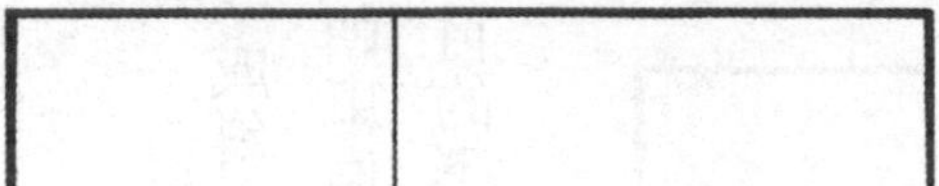

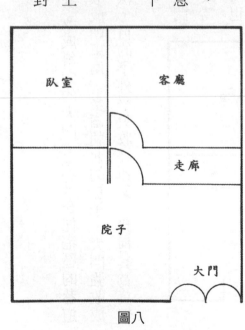

圖八

非禮勿走

孔老夫子說了非禮勿視，非禮勿聽，如果他要說風水的話，一定也會說非禮勿走。

許多房子都有邊門、小門、側門之類。這些門的目的，是為家庭後臺的方便而設的，例如送貨進出、垃圾的清除等等，絕對不是客人進出所用。就是本宅人員，如非執行非走小門不可的任務，也是不應該使用的，這就是非禮勿走。

時代變了，建築也變了，人類的行為也越來越不合章法，為了方便，根本捨棄了正門，專門走側門小門的人，一天比一天多。

這種現象，在美國最為嚴重，有許多房子，是由廚房通至車庫，家中的孩子們，吃了飯就由車庫出來，到學校去了。有些房子是由廚房的後面開小門，孩子們也是從此門取近路走了。這些孩子們，日久天長，習慣了旁門左道，麻煩可就大了。我常常覺得，近些年來流行的各種麻醉劑、毒品，以及家庭制度的紊亂，可能都與這些旁門左道有關。所以，我對有孩子的朋友們，都再三勸告，要教孩子們進出都走正門，薰陶自己走正路，昂首闊步行正途。

乍聽起來，此事與風水似不相干，其實，這正是風水中與氣有關的神祕部分。要知道，大門是迎接正氣的門戶，好像是我們重要的呼吸一樣。假如我們捨棄了用鼻子呼吸，偏偏用耳朵去呼吸，那會有什麼結果呢？

另開的邊門

說到旁門，使我想起了一個房子，從多年前開了一個小旁門之後，我密切注意了很多年。

這也是坐北朝南的房子，一幢平房，很大的院子。因為主人嫌房間少，就在後院加蓋了一間套房，到晚上去睡覺時，穿過廚房到後院，再進入臥房。這倒也罷了，怎奈這家主人對風水甚為信仰，因為工作上的不順遂，又請了頗負盛名的專家來想辦法。

這位風水專家大約是激進派，就建議開一個小門，直通臥房（見圖九）。並且建議主人，捨棄大門勿走，外出時由臥房直趨小門，將來定會財官兩旺。

當我看到了這個景象時，真嚇了一跳，如此長的走道，從小門直通臥室的床上，殺氣太旺了，絕非普通人所能承受得了的。但是人家是祖傳專家，而我只是一個學習的人，只能觀察，不敢發表任何意見。

大約半年過了，主人事業並無起色，對於小門的使用，也就不太認真了。又過了一兩年，主人突發心臟病，動了一次大手術，全家籠罩在緊張氣氛中又有幾年，終於突然病發而走了。

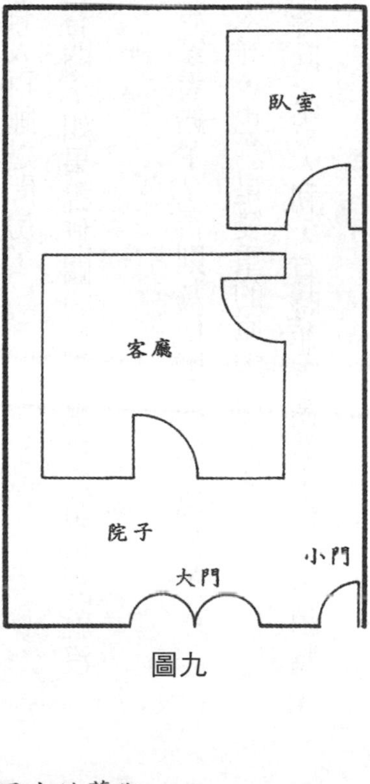

圖九

幸虧，這個房子改建了，沒有人再睡這間房子。

這家的遭遇是否與這個小門有關？如果說無關的話，風水之說也許就沒有道理了。

如果說有關的話，是否這位專家看錯了？否則為什麼如此下場呢？

主人的八字行運，的確也不太好，也許是雙重的原因所造成。

但是，避凶趨吉則可，勉強奔向大吉大利，有時並不盡然，這其中頗為微妙。

小坡與大坡

某一個居住的地區，是山坡地小丘陵開發而建造的。不知為了什麼，設計的相當狹窄，道路窄，而彎曲度卻不小，每一座房子也都不大，似乎每一條巷子都是一個斜坡。

有一個朋友，遷去已經半年多了，總覺心不能安，一切要做的事，都不能安下心去做。

為了誘我前去看視，他等到一個機會，弄了一瓶好酒，假說邀我共飲，我就欣然從命，吃了晚飯，連忙前往。

車子出了城，不久進入這個地區，東彎西轉，忽上忽下，忽左忽右，等到我到他們的家時，心情已有千斤之重了。

幸有美酒壓驚，兩杯下肚，才覺得平定下來。

難怪你心神不能安，我告訴他，這是因為地區的關係。像這樣忽高忽低，忽左忽右，東彎西轉的因素，湊合在一起，當然不能心安。如果平時總在動亂中的人們，本身並不追求心神安寧，也許尚感覺不到這區域的動亂，如果要求一些平靜的心境的話，卻真是難以得到的。

但是，家總是人們工作完畢的休息所在，如果常在動盪顛簸中的話，一個人早晚會做出一些怪事來。

走筆至此，想到了洛杉磯的一個區域，在羅斯街一帶，也是小山丘地帶，不過斜度緩慢，街道寬廣，每幢房子都佔有相當大的面積，這些西班牙式的房屋，遙遙相望於緩慢起伏的丘陵地區，形成了一種優雅怡然的情調，坐在廚房窗前，遙望屋外的樹木街道，真有一份難言的靜穆和喜悅。

西班牙人早年殖民各地，想當然他們也是有相當文化的民族。

在前面的本文中，所談到的只限於形勢及氣勢，對於初學此道，或對此道有興趣者，易於感受了解。由於不斷直接間接來自讀者的詢問，發現對於這門古老學術有興趣的現代人，實不在少數。本篇在開始時本不擬談論羅盤上的問題，以免讀者感覺困難，既然有興趣的讀者廣大，現在就把羅盤放到我們房子中，來略加應用，讀者也可以由此作為接觸羅盤的開端。

乙向巽流真富貴

這一句話中有兩個字不太普通，使人一看不能真象大白。第一個是「乙」字，第二個是「巽」字。

真富貴，是大家都日希夜求的，但如何才能真富貴？照這一句話的意思，要住屋於乙向巽流的格局才行。

「乙」是十天干中之乙，乙是木，是屬東方，所謂東方甲乙木是也。

「巽」是八卦中的巽卦，在八卦中，巽卦位於東南方，巽也代表了風。

另有一個字眼是「流」，流是動的意思。

所以乙向巽流就是坐西朝東（乙）的房子，大門的位置在東南（巽）方向和位置，這樣的格局才是又富又貴。

為什麼乙向巽流才會富貴？

我們先來看這個乙，它是木，木變成火才會光輝燦爛，而巽位是東南，東南是木火之鄉，木到了木火之鄉豈不是閃耀明亮富貴之象嗎？

而巽又是風，燃燒的火有風在其中，不會變成黑煙，而這個火當然是光亮的，這種光彩奪目，不是又富又貴是什麼？

辛入乾宮發萬貫

與前段相反的格局，辛代表了正西，在十天干中，所謂西方庚辛金是也，乾是八卦中的乾卦，位於西北的位置，這句話的意思，就是坐東朝西（辛）的房子，如果大門開在西北的乾位及乾向，就是發財萬貫的格局。

辛是金，而乾為天又是金，這豈不是堆金積玉嗎？

讀者如果記得的話，我在前面曾提到一個石君，當我看到他的房子坐向與大門後，立刻下了這麼一個斷語。當然，這其中還有一些細節，要符合辛入乾宮的原則才行。

譬如說，這句話原則上是指古老平房建築而言的，在古老的建築中，是一個四合院，而以這個四合院中的上房為主，上房的屋門要朝西才算是向西，大門開在乾位，就算辛入乾宮了。

但是在現在的公寓建築中，究竟如何作數，三合三元各路專家，各有其自己的一套，見仁見智，也只有時間才能證明。以我淺顯的看法，石君的公寓三樓，客廳的門向西先到走廊，再轉向西北在乾位出門到樓梯間，而他的走廊只是欄杆而已，並沒有加裝窗戶。

問題關鍵就在這個走廊。

以我的看法，出了客廳，已經接觸到室外的空間了，所以算是門朝西，如果走廊加裝窗戶，下半截也做成牆壁型，代替空隙的欄杆，如此一來全部走廊變成室內的一部分，則走出客廳，仍在室內，要出了乾位的門，才算離開自己的房屋，這種格局的改變，就使房屋朝西的性質不純粹了。所以說，房子周圍任何的施工，加與減都有很大的改變和影響。

癸歸艮位煥文章

「癸」在羅盤中是正北方，五行中是水，所謂北方壬癸水是也。「艮」在八卦中的位置在東北方，艮又是山的象徵。

水有聰明俊秀的性質，在命理的書上常可看到，八字中水多，必主其人聰明、靈活。但水過多則奔流，反而變成隨波逐流，沒有節制了，這是物極必反的道理。

現在癸水流歸艮位，是指坐南朝北的房子，大門開在東北。這個意思就是說，汪洋之水歸於山，既有山做屏障，那水當然又深又清，也就是說聰明又有節制，當然在學問上會有成就，所以預測其煥文章的意思。

住在這種房子的人，如要參加聯考，一定沒有問題。不過話又說回來啦，去年家中有一個孩子要考大學，我就把自己住的那一間房間，特別讓給這個孩子住了一年，希望她考上大學。因為我住的房間，是由艮卦出門的，過去我住這間屋子，永遠還不清文章債，所以認為有點這個格局的味道。豈知這位孩子小姐，住了一年，也沒有考上大學，大概以為一定可以考中，而忽略了一德二命三風水的道理，自己不努力，在德行上未下工夫，這也是相信風水的副作用。一氣之下，又把她換回原來的房間，而我自己又天天趕文章忙，可嘆之至。

左旋右轉

前面略舉的三個說明，仔細推敲一下，會發現一個共同性，就是大門都開在屋向的右轉角上。

這個道理原則上是對的，但不可執著。

什麼是對？東西南北向的房屋，大門要開在角上，這是陽宅中頗為重要的一個原則。

為什麼又說不可執著呢？就拿坐南朝北來說，大門開在右轉東北，是癸歸艮位煥文章，但是如果由屋向左旋，把大門開在西北的乾位呢，也是很好的格局，但是性質不同了。

說它是很好的格局也是有依據的，如果找到伏羲先天八卦圖來看一下，乾卦的位置在南方。

再把文王後天卦來對照一下，發現文王把乾卦搬到西北的位置上去了。

所以坐南朝北，而門開在西北的格局，卻是先天後天乾卦的關聯。有人稱其為先天後天通氣，其優點既深且遠。

究竟先後天如何通氣？要我們自己來研究求證了。但是有一點必須了解，風水的學術應用，不可執著一點、一線，而要作整體觀，權衡研判所有因素才是。

公寓篇

現代人研究風水，尤其研討陽宅風水，對公寓就要多多注意，因為百分之八十的人，都是住在公寓中。我常常覺得，地理專家們現在應該編公寓篇了，把廿年來對公寓方面的經驗，提出來作為大家研究的參考。

古來的陽宅，重點在門、主、竈三個大問題，需要加以把握。門就是大門，主就是院宅中屋脊最高的那一幢主要房屋，竈就是廚房。

大門是每日出入的門戶，與外界接觸必經通道，主是一家領導及精神的主要重心，而竈則是維持生命及健康的飲食製造場地。這三件影響人生至巨的重點，要配置得宜，生尅制化協調，才能使居住於此的人，得到順利理想的影響。

自從公寓發展以來，所謂的「主」，就在詮釋上產生了問題。有人認為主人臥室應該算是主，有人認為客廳是全家聚會之所，應該算是主。有人則認為本幢房屋的門就是主，而公共的門就是門。我比較贊成最後的說法，但是公共的大門與自己的大門卻應該合併參酌才對，以此推論則每層的氣勢自然也不盡相同。

一個公寓所坐落的大環境，為較大的天地，公寓本身是小天地，每間臥室或房間則是小小天地。在大天地小天地無法控制下，不妨在小小天地稍下功夫。前面所談的卦位配置，在我們小小天地中是一樣可以應用的。在此重覆聲明，我對公寓的看法，也只是一家之見而已。

靈芝草

有一個事業頗為成功的老先生，父親去世多年，始終沒有安葬。他常常找尋適合的墓地，想使去世的父親入土為安，自己百年以後，也可安葬在一起。他不斷尋找，經過好些年頭，都沒有成功，但卻在無意中，碰到了一塊好地。

那天有堪輿專家同行，發現山上某處有靈芝草一株，據這位專家說，這是最好的陰宅用地，後代可出聖賢。

如果是一般人，找到這樣的地方，一定是喜之不盡。但是這位老先生卻沒有採取行動，後來反而放棄了。據他事後說，自認德行不夠，焉敢用這種好地，這句話很足以發人深省。其實有這種想法，其德也可讚美了。

——《知見》雜誌七～十一期　民國七十一年六～十月

風水的問題

風水究竟是什麼

讀者看了這個題目，一定覺得奇怪，中國人誰不知道風水是什麼，只有外國人才會問這個莫名其妙的問題。

但是，我們真的了解風水的意義嗎？有多少人對它有正確的認識？又有多少人不是在走火入魔的境界？

去年十二月十九日，《華爾街日報》駐香港記者，也有一篇特別關於風水的報導。許多西方人士，認為這是中國的迷信，有些則認為是神祕學。總之，連我們中國人都缺乏正確觀念，更何況外國人呢。

風水是個通俗的字眼，正式的名稱是堪輿，這是道家的學術範圍。談到道家的學術，其內容包羅萬象，舉凡天文、地理、陰陽、術數、醫藥、星相、符籙、技擊等，都包括在內。再細分類又擴展到服氣、煉丹、服餌、堪輿、卜筮、驅遣、劍術、外功等等。

堪輿之學，源自《易經》，而《易經》八卦的創始，則是上古有文字以前的事了。因歷史考據無法確定其起源，故皆稱為黃帝造指南針開始。有些學者，更認為《易經》是史前的文化，否則不可能如此完美和奇妙。不管怎麼說，《易經》的文化是中國文化的精髓，這一點是不可否認的。

《易經》的文化，八卦陰陽是最上古開始的，但是五行的學說，卻是戰國時代的產物。當時，齊國有一位陰陽家，名叫騶衍，首先發表五行的理論。到了漢代，學者們歸納了八卦、陰陽、五行干支，再加以發揚光大。所以兩漢時代的思想學術，在宗教上、政治上、學術上，整個以陰陽五行為骨架。

堪輿學的建立，用現代語作個比喻來說，是以八卦陰陽五行干支的綜合歸納，計算出宇宙間的光、熱、能，進而測出其對人類的影響力，運用這種學術來判斷人類活動的地方，就是看風水。

青色袋子裡的書

在歷史的記載中，周文王和孔夫子的弟子子貢，都懂得看風水，只不過那時的看法，還很規矩，以文王和子貢的才學，只是以陰陽，配合山泉流水，做為取捨。並沒有像後人那樣繁衍出枝枝節節。

到了秦末漢初，史稱黃石公傳授赤松子一部書，這部書是他從青色的袋子中掏出來的，故而後人稱此書為《青囊經》。

《青囊經》是堪輿經典的第一部著作。不過，其內容極為玄妙，非一般人所能輕易了解的。

到了晉代，有一位博學高才的人，名叫郭璞，不但詞賦文章是一流的，對於陰陽曆數，以及五行卜筮，更是精通。這位郭璞先生，依據《青囊經》，著了一部《葬書》，顧名思義是談陰宅風水的書，此書一出，才使地理堪輿趨向具體運用的路上。

到了唐代，有一位丘延翰，開始使用羅經。在那個時代，真正洞澈堪輿之學的人士，也不過數人而已。

唐代風水的興盛

從兩漢發揚了道家學術以來，整個國家的文化，都浸潤在陰陽五行之中。再發展到了唐代，風水之學已經大大的興旺了。但是，真正有學有術之士，並不多見，而充斥在社會上的不學有術的半瓶醋，卻到處都是。這些人拿著羅經，再加上一些臆猜，隨意曲解陰陽五行，亂充內行，把社會也攪亂了，害人不淺。所以此類人士，自古有之，不足為奇。

但看不過的是真正的專家，其中有一位名叫楊筠松，當時官居金紫光祿大夫，為了闡釋堪輿正確的觀念方法，並糾正一般人錯誤的思想，寫了幾本書，就是《青囊奧語》《天玉經》《都天寶照經》《撼龍經》《葬法倒杖》等書，都是堪輿中高明的學術作品。

後來楊的門人曾求已，又著有《青囊序》，除了注釋《青囊經》外，並且闡揚楊筠松的見解。

到今天為止，儘管半數的中國人都會看風水，但是基本堪輿的經典著作，仍是以這幾部為重要。

唐人住宅和方位

唐代的中心是在河南地區，九州的分劃，都以河南為中原，事實上從中國地圖上來看，河南卻是中國的中部偏東。

再追溯到《易經》的八卦圖，以北半球的中國作為一個八卦的基礎，在這個地域中，北方為水，是寒冷的，南方為火，是熱的，東方為木，是生發的，西方金，是蕭煞的。

在這個地域中，主要的高山在西方，河流都是由西北流向東南，或由西流向東，由北流向南。

在這個地域中，坐北朝南得到陽光，被認為是好房子，加上傳統大家庭的社會結構，四合院的建築以及風水的標準建立起來了。決定怎樣來安排房子的格局，才能使長幼有序，大家和諧相處，愉快健康，多福多壽多男子。

東四宅和西四宅

達到高深境界的堪輿技術，確實不是一件容易的事。古來的堪輿大師們，也像孔夫子一樣，周圍跟著許多學生。有些人資智很高，學到了相當時候，可以出去掛牌作地理師了。剩下那些平庸之輩，既沒有學會，再學下去也沒有什麼辦法，作老師的收了人家的學費，總不能不給學生一條謀生的道路吧！

就這樣，老師把八卦分成東西兩組，淺顯易懂，編成了東西西四陽宅的簡易看法，教這些學生背好了一些定理，就讓他們畢業，算是有個謀生的技術。

一般對風水有興趣的，用這些資料，可以無師自通，但若要進一步研究的話，卻需要更多的學習和領悟，然後才能成為二流的堪輿師。再進一步，如要登堂入室，深通地理之奧祕，則非要配合個人的心性修養，與超越的定力和智慧不可，那是不可多得的。

堪輿之術逐漸演變，成就因人而異，南方及北方地理師，各有不同的重點。三元和三合也是人們繁衍出來的不同看法，各有各的道理，也都有相互矛盾之處。愛好看風水的人，常被各派地理師弄得無所適從，請人一看再看再看，最後是不倫不類，反正也無法照他們的說法去作。

郭璞之死為什麼

風水的影響力，在中國人心目中，已經持續了幾千年之久，中國人似乎個個都信。一些原本不信風水的新時代人物，在倒霉的時候，也不免聽信人言，請個風水先生來看看。

現在，這中間有個很嚴重的問題，似乎一般同胞很少想到，那就是郭璞之死。

史書上有一種說法，認為《青囊經》是由某郭公傳授出來的，所傳的人就是晉朝的郭璞。

郭璞跟著這位郭公，學會了無上深奧的堪輿之學，既得真傳，其學其術之高明，自不在話下。

可是，後來郭璞卻是被殺身亡的，下場不好，屬於凶死。

像郭璞這樣的風水專家，不可能不給自己的房子看風水吧？為什麼他不作避凶趨吉的安排呢？還是說他已盡了全力，仍然定數難逃，那麼定數又是什麼？

這是風水中的一大疑案。

祖墳與後代關係

祖父母去世了，子孫們一定要先看風水，擇期下葬。看風水的時候，還要顧到長房，次房等。總之，人口多了想要兼顧實在不易。如有子孫在外經商，趕不及在決定穴位時回家，生意成功便則罷了，如果失敗，還會怪其他兄弟們在風水動了手腳，不利於這個在外的兄弟。

陽宅對居住人有影響，這是很容易了解的事實，但是陰宅對子孫影響有多大，我們也都曾聽見過許多聳人聽聞的流傳。

值得我們深思的，倒有一個問題，那就是一個死去的人，他所安葬的地方，為什麼會影響到後代？在生命終止以後，一具屍體下葬的地方，究竟如何與子孫聯繫？如何產生影響力？

這是宇宙間的神祕學，因為我們懶得費事，也就不去追究了。不追究也罷了，問題是，如果風水牽涉了宇宙間的神祕因素，人們也許就該重新檢討，檢討對風水依賴的程度。或者說，檢討對地理師的依賴程度，什麼樣地理師，才可以信賴！

帝王之家的風水

常人尚且注重風水，帝王之家，為了鞏固萬世基業，對風水的重視，更在一般人之上。他們舉傾國的財勢，用學問高深的地理師，去建造皇陵。但是，結果如何？堪輿最發達的唐朝亡了，宋朝也完了，元、明、清統統完了，沒有任何一朝繼續了萬世基業。不要說萬世，千世也沒有，半千世也沒有。

難道風水都不靈了嗎？風水的影響又靈驗到多少年呢？

像這一類的問題，都值得迷信風水的人士，仔細思考一下。

撞進一個好風水

有人到處找風水好的房子，費錢費事卻找不到。有人不信風水，卻糊里糊塗撞進一個好風水的房子，這又是什麼原因？

細究起來，似乎一個人運氣的力量，遠超過風水。

運氣就是命運，是與生俱來的，所謂五行陰陽，是每個人都脫離不了的宇宙定律。如果能夠脫離這個束縛，就是道家所說的，「跳出陰陽包裹外，不在五行中。」那就成仙成道了。

又是什麼形成了我們的命運？

對於這個問題，說法不一，有的理論認為，這是上帝的安排，有些理論則認為，這是過去現在和未來生命的因果律所產生的。

這個意思是說，一個人過去心行不佳，在時間和空間因素湊合時，產生出不好的果報，而現在我們的心行，又種下了未來的果。

果然此說有理，看風水竟不如去改造命運合算。

美國地理與風水

不錯，美國也在北半球，如果把八卦圖放大，搬到美國的國土上，好像是差不多的樣子。只不過，美國的地理形勢，卻與中國有異，山川形勢流向，也頗有不同之處。

在這個狀況下，西海岸是山區之西，大體上來說，與中部東部看法有異，尤其對陰宅而言。好在，重視陰宅的人日漸減少，能顧到自身就不錯了。

再看美國房屋的建築方式，與古老中國的四合院，大相逕庭，道路的分佈，也有截然不同的設計。

在美國執業地理師的人物很多，藏龍臥虎，定有一些高深修養，領悟超越的人士，期待他們早日將所得的經驗，配合學理，著書立說，發揚中國的文化到美國大陸來。

密宗尊者的洞府

道家修行的人們，有四個基本要件，那就是財、法、侶、地。所謂地，就是適當的地點，這個地點是否適當，就是風水的範圍了。好在真正學道的人多數通曉陰陽五行，煉丹堪輿等術。

佛法密宗的典籍中，對於修行的地方，不但極為重視，而且談到了選擇好地方的方法。十七世紀的西藏密勒日巴尊者能夠即身成就，與他修行時選擇的洞府大有關係。這位尊者，年輕時學習烏教，做了許多害人的法術（見張澄基譯《密勒日巴尊者傳》）。後來心生懺悔，改習白教，吃了無數的苦頭，為昔日的惡行付代價。在他最後的修行中，都是在上師為他選擇的山洞中，如果沒有選好了地方，想成功也就不易了。這也是風水的範圍，只不過，這些地方不是升官發財的地方而已。

密宗的經典中，對選擇居處，有很淺易明顯的方法，並不需要用羅盤。當你走進一個房子時，一開始覺得很好，但當你到處看看，再看看，又覺得不對勁，這就是不好，至少不適合你。

相反的，剛進去不覺得好，越久越覺得好，這就是好地方。

最穩妥的辦法是，住上兩個禮拜，或者多回來幾次看看，就更能確定了。

不要忘記，也要從房子中向外看。

古木參天的幽境

在風景優美的半山上，有一座古剎，門前古木參天，走進去就有安詳平靜脫塵忘俗之感，更何況住在裡面，雖不成仙成佛，也差不多了。

如果請裡面住的老和尚遷出去，由一個普通的人住進來，那個演變就非常可怕了。因為過不了多久，這個人可能身心都出毛病，也可能見神見鬼，更不要說升官發財了。

同樣一幢房子，不同的人居住，卻有不同的影響，張三住了沒事，李四住了倒霉。

俗語說，好的風水，要「有德者居之」。

什麼是德？應該說是有修養的，有道德的。

山中隱士地理師

隱士是修行的人，當然不是職業地理師，但是，在歷史上重要的時刻，不論政治軍事，都與這等人物脫不了關係。

修養到了頗高境界的人，外表看來是平凡的，最高明的也就是平凡的。他們既不吹牛也沒有架子，這類人士，無論出家在家，都是飽學之士，上通經文，下知地理，前門出入的是升斗小民，後門出入的是達官顯要。這類人，恢宏博大，一視同仁，到了這個境界的人，不要說看風水，連你這個人，只要看上一眼，來龍去脈，窮通壽夭早就一目了然，還看什麼風水！

如果一個企圖搶銀行，販毒品的傢伙，為了事業順利，來請他看風水的話，他也許會說：

「諸惡莫作，眾善奉行」一切就順利了。

——洛杉磯《人文天地》一九八四年六月

風水和因果

看風水有沒有因果？

當然有，而且有得很。

本來一切的一切，都逃不過因果，看風水自不例外。可是天下事許多因果都較單純，惟獨看風水一事，因果卻極複雜。

一般說來，借債的還錢，因有借錢之因，故有還錢之果。殺人者償命，因有殺人之因，而終歸要償命。這些都是極明顯，容易了解的因果。

但是，看風水的因果卻不那麼簡單，這其中涉及的問題極為微細，很難覺察，所以說其因果極複雜。

看風水是一種行為，在請人看風水之前，一定考慮過許多事情，或者是因為許多事情發生了，使人起了看風水的念頭。

這就涉入了心念的問題，一切事，一旦涉入了心念，那個因果的複雜，是極難分辨的。這些起心動念的事情，連資深的修行者，再三反省檢察，有時都會弄不清楚。

現在且讓我們看一看，芸芸眾生看風水的心理狀態：

張三，近年來身體欠佳，時常生病。已經夠倒霉了，偏偏又是升遷的時刻，本來該升自己的，結果又升了他人，心中越想越氣。

那天來了個朋友，談到了看風水的事。對了！一定是自己住的房子不對勁，難怪有人那麼走運，可能請過高明的指點。是的，風水不能不信，快點找個地理師來看一看吧！

且慢，到底哪一個地理師好？要多少錢？什麼？要那麼多錢？萬一不靈怎麼辦？豈不冤枉！頂好找一個業餘的來看看，不花錢，萬一不靈也沒有損失……

（風水還沒有看，已經是貪瞋癡慢疑俱全了，外加慳吝。）

李四，是個頗有地位的人，那年碰到了人事大變動，自己的位置岌岌可危。作人只能走上坡，誰願意走下坡，但情況不利，心中焦急，快請地理師來。

地理師經過仔細的審查與考慮，全家的房間，以當年的流年來說，只有門房大吉大利，要想升官，就要搬進門房去住。結果李四夫婦就搬進門房了，反正只要能如願以償，不要說門房，茅房也可以……

（除了貪念，癡狂的貪念，更無餘事，愚癡得可憐。）

趙五，是個生意人，說起來也是不錯的情況，最近等待一個國外的大合約，該來而尚未來，如果吹了，真不知如何是好，每日心驚膽戰，算命已算過幾百次了，求神問卜更不在話下。對了，請地理師來，可能門口那棵樹影響了我，也許是對面新起的大樓，該死的大樓，看見它就有氣……

（利慾熏心，充滿了自私仇恨的無明。）

張三李四趙五，風水還沒有看，全部心念中找不出一點或善或正的意味，請問，這個起心動念的果報，將來如何交代？

所以說，佛的戒律，以及一些其他宗教中都禁止問卜風水之類的事。

可是，在虛雲老和尚年譜中，明明記載著他對風水的重視，虛雲老和尚修建的道場中，都是慎重的看過風水的。究竟是老和尚自己看，抑是另請專家，都不必計較，一個事實是，老和尚是深懂風水的。

再細究老和尚的一生行持，不難了解，老和尚看風水，起心動念是為佛法，以四眾弟子為大前提，不是為他個人，同樣看風水，老和尚的心念是正念。

反過來再看，替人看風水的問題，更是複雜萬分。職業地理師，有人請就要去。有一家的房子，請他去看，經過修改，果然財源茂盛，原來這家主人，是搶銀行的歹徒，幾次計劃失敗，經過地理師的指點後，果然一舉成功，事後他又送了一個大紅包給地理師（盜也有道），地理師也用了贓款而尚蒙在鼓裡，無形中成了共犯，請問這個因果怎麼算？

由於這種種的原因，真正高明的風水專家，多數是不替人看風水的，因為他們深知因果的可畏。

但是，在地理師的守則中，卻列具了一條，對忠臣孝子們的風水，雖是路經其處，偶爾見到，如見其有不妥之處，應義務加以指導修正。

換言之，如果一個人有功有德，自有因緣，有人義務給你指導。如果你能把握住自己的動機心念，風水當然可以看，否則的話，修德可也。

——《十方》雜誌三卷二期　民國七十三年十一月

相人的藝術

凡事一涉及藝術二字，難免就是一家之見。換言之，那都是自己所定的標準，如果能獲得他人的贊同，甚至欣賞的話，也就算是有些兒味道了。本篇是隨興漫筆，並沒有一定的章法，只是提供讀者茶餘飯後的消遣話題而已。

雖說命相是茶餘飯後的消遣話題，但是古今中外，對此話題缺乏興趣的，雖不敢說絕無僅有，至少也可說是少之又少。如果有人不信的話，不妨與略通相術的朋友同席作客，只要於飯後引其談論看相之道，保證大家都會圍過來，熱烈討論，年輕人尤其爭先恐後。年紀大的人雖已有人生經驗，亦略通識人之道，但難免也用一隻耳朵偷聽，聽聽這個談相的人，道行到底有多高。

由此可知，命相之學，能夠千古流傳，證明絕對有其道理在。而歷來各代的人物中，如魏之曹植、清之曾國藩等，皆為精通此道者，其他更是不勝枚舉，而其中最高明之士，首推萬世師表孔夫子。

「若由也，不得其死然」

大家都讀過《論語》，子路的名字叫冉由。這一句話是孔子論子路的命，認為他不得善終，死得不好。舉凡一切意外的死亡，都不是善終。當然這個善字，並不是指人的善惡，而是指致死的情況而言。

孔子為什麼說子路不得善終呢？難道說子路長了一雙凶暴的眼睛嗎？命相之學包括有形與無形，五官的外形、八字的組合等，是屬於有形的。根據有形的因素，加以分析推論，是屬於形而下之術，多數是江湖術士的範圍。而孔夫子的推論是屬於形而上的，這是根據一個人的個性、作風、氣質和心念，加以論斷。這種論斷的境界是高深的哲理範圍，是不容易的，也正是我們要多研習的。懂得了這種境界，不但個人之命可論，國家社會，乃至人類的命運，都不難在我們的掌握之中了。

話說孔夫子，對自己的門人都有深切的了解。因為子路是武勇型，常常表現出剛強的氣象，又有拔刀相助的作風，只要是自己認為要做的，不顧危險，不計代價與後果，也就是夫子所說的，子路好勇輕生。

結果不出孔子所料，子路為了救助孔悝而被刺殺。

孔子又說過一句話：「好勇疾貧，亂也。」

他認為那些喜歡動武的人，有那麼一丁點兒的功夫在身，光想發横財，以便脫離貧窮的環境，這些人早晚會出亂子。

在現在的社會裡，會打鬥，會武器，整天在財上動歪腦筋的人，一定就是那些搶銀行的強盜，或者收取保護費的份子。與人動刀動槍，那不是亂嗎？這種人的下場當然也是亂七八糟的了。

所以孔夫子論命的造詣，是非常高深的。

靈魂之窗

談到形相的問題，我們先來談一談眼睛。

西洋人認為，眼睛是靈魂之窗，真是一點都不錯。一個人的眼睛，代表了他的靈魂，他是何等樣人，由眼睛表達得一清二楚。

我們中國人的傳統觀念中，身體是一個小宇宙，在這個小宇宙中，眼睛就是日月。左眼為太陽，右眼是太陰，當我們睡覺的時候，我們的神與心同處，而在醒的時候，神則依止於雙眼。所以說，眼睛是這個小宇宙之神的遊息之宮，眼睛所代表的意義多麼重大，也就可想而知了。

在我們的五官中，屬於動態的是眼睛和嘴巴。一個人的內在，當嘴巴不說話時難以表達。但是眼睛卻不然，我們常聽人形容說，某人的眼睛會說話。

其實每個人的眼睛都會說話，不但會說話而且是不停的在說話，這就是心行的表露，思想的示現。

在相術中，最重要的，卻也是最難把握的，就是眼睛了。術語稱眼睛為官學堂，相眼就是相神，這是一個人的靈點，也是榮辱貴賤，清濁壽夭的關鍵所在，能把握了學堂的神氣，才算真懂得相術，《照膽經》云：

「妙相之法在何方，觀其神氣在學堂，若人認得神與氣，富貴貧賤當審量。一點真，一點真，悟了方為善相人。不悟真如魂夢裡，徒勞兩眼去觀人。神恍恍，氣爽爽，似有似無在面上。一點神光俱不散，此人定作公侯相。清亦貴，濁亦貴，清濁交加方始是。若人辨得濁中清，便是人間公卿位。清怕寒，濁怕實，又怕毛骨粗是一。神清骨秀兩分明，早佐皇家為柱石。」

你是什麼眼神

眼神是頗為不易把握的，相學上把它略加分類，大致分為十四類：

一、神藏：神光平正，初看似乎無神，久之則見其光彩，如美玉明珠暗藏，雖清而麗，卻又顯示溫和純粹，堅定自然的味道。雖不發怒，卻散發出自然的威力，使人不敢輕舉妄動，這是救國救民的大人物，是最上等格局。

二、神靜：這是世上難得的高超至人之相，使人見到有恬然，進一步寂然的味道。其淡泊自若，光彩內見，中有所得，這是罕見的格局，只能意會，不可言傳，要著意深測才能了解。

三、神和：溫和純粹恬適，使人見之悅然，遠看已可見其和悅，縱然發怒，其喜仍存，胸襟濶，不偏不忌，坦蕩蕩至聖之人，有德君子之相。

四、神銳：志銳則氣銳，氣銳則神銳，神銳見於言辭、行為及相貌之間，不謙遜，頗矜飾，有些自以為了不起的調調，如長久不挫，必有失。

五、神馳：在不說話時，默默自馳，如馬之奔馳，其神似乎另有所屬，若馳而不返，日久必致顛狂，非善相也。

六、神露：眼睛凸出，雖不怒也像發怒的樣子，如果可見四白，必有刑傷夭折，縱貴也不會長久，如眉高似能覆蓋眼睛者則不在此內。

七、神耽：俗謂虎視耽耽，兩眼下看，四白可見，如眼神集中一處耽視，乃是惡毒狼虎貪殘之相。如注視時目不轉睛，更屬刑亂，絕非善相。

八、神驚：驚者，心氣不足，茫然如失，又為臨深履危，面有青氣，有所怯懼，睡不安，坐不久。甚至口常急動，眼睛不斷在轉，久而不安，縱不失神，亦屬下愚無立之相，縱貴亦夭，非好格局。

九、神慢：在動靜的反應之中，有滯慢的現象，這個特徵是目不轉睛，似乎眼睛的移動很慢，不論有多麼緊急的外界影響，這種眼睛仍然慢吞吞的，此類眼神的人，雖有作為，難成大器。

十、神疑：一雙猶豫不決的眼睛，在行止之間，遲疑不定，如有所思，要說又不說，要作又不作，神色常變，欲言又止，這也不是福貴之相。

十一、神醉：顧名思義，這類人常常像醉人一樣，坐立不安，狂眼豪視，一切都不放在眼裡，但是此類人並不到癡狂的程度，只是有些神迷的狀態，這是不好的格局，就算能夠取貴，亦不得正壽。

十二、神昏：這種人，儘管長了一雙大眼睛，卻無光彩，不但如此，滿面都有煙雲彌蓋，不分不明，說也說不清楚的言辭語態，這是貧賤無立的格局。

十三、神急：乍看起來，這類人面容光華，像是喜氣洋洋，其實是洋洋自得，閃爍不定，若能改掉神急的情態，亦可有所成就，否則中年可能有驚恐血災，常急則終不久。

十四、神脫：到此階段的人，恰如行屍走肉，雖能飲食言語，神識已不存在，而如木偶人，有此現象的人，大約只有一年的壽命，如果外加氣色憔悴，只能有一季之壽而已。

夢露與林黛

五十年代好萊塢性感女星瑪麗蓮夢露，她的一張臉，從任何角度看，都是美不勝收，尤其是她那一雙眼，迷惑中散發出無窮的媚力。但是，美斯美矣，媚斯媚矣，遺憾的是，在相術上來評估，那是屬於神醉和神疑的混合體。像這一類的眼神，常導致人事、情感方面的困擾，這裡所說的困擾，與凶惡又截然不同了。

以照行運的時間上說，卅六歲至四十歲正好行眼運，而夢露自殺身亡的時間，也就是在她卅六歲的時候。

我國的女明星林黛，長得也很美豔，也是自殺身亡的。可是林黛的雙眼大而且圓，黑白分明，亮光四射，有些露而不藏的味道，因此，林黛是有個性的，並不是猶疑不決的人，她的眼睛既是有神露的現象，故而有刑傷的結果。這類眼睛的人，多數個性倔強，一時想不開就走極端。如果能稍早接近有修養的師輩，在個性的陶冶上加以努力，她的這一關也許有可能度過的。

這個原因是，她雖神彩外露，但卻不是四白眼，眼珠亦不凸出，故而在程度上稍有差別。

眼睛和眼鏡

卅多年前，在朋友家中結識了一個人，他當時戴著一副深褐色的眼鏡，而以後的幾年中，也從來沒有見過他脫眼鏡的廬山真面目。後來與他較熟識了，有一次忍不住問他，為什麼永遠戴著深色眼鏡。他告訴我，眼睛長得可怕，不願意嚇著別人，一邊說著，一邊就把眼鏡拿了下來。

我這一看非同小可，只見他那一雙眼睛，又大又凸，活像兩隻電燈泡，使人恐怖莫名。

幸虧此人通達一些相術，他不但戴著深色眼鏡，還經常的半閉著雙眼，收斂他外露的眼神，更重要的是，他自知眼睛凶暴，故而在許多緊要關頭時，提醒自己忍耐，這也就有些修心改相的味道了。

儘管如此，當他四十歲前，運行在眼時，險事層出不窮，朋友之間、家庭之間，常有動武的事，事業上更是暴起暴落，有一年，車禍摔斷了腿。現在此人已快六十歲了，而且他也不戴眼鏡了，兩眼也沒有那麼大而凸了，眼光也柔和得多，這也許是年紀的關係，一切的凶險也都過去了。

但是，話又說回來了，眼的為壞並不止影響眼運一段時間，終其一生，影響都很大，過度凶暴的眼睛，一生常有刑傷，而對財來說，更是破耗累累。

另外有一個人，雙眼並不凶暴，只是有四白眼的現象，此君在青年時期，貪不義財，結果，錢財陸續敗光，在卅八歲時，走投無路，自殺了結。

我常常想，如果他不貪那昧心缺德之財，也不會到走投無路的局面。一個人的容貌固然不易改變，但是一個人的心念行為，仍由自己做主，這就是人格的修養，改造命運的道理。

桃李冰霜

中國有一句俗話，對於長得漂亮的女子，形容她豔如桃李。但是傳統的中國文化，美豔外形的女子，一定要冷若冰霜，所謂豔如桃李冷若冰霜，這是貴賤的分野點。

也許你要問，這與眼睛有什麼關係？

說起來關係可大著啦！

一個美豔如花的女孩子，一定是人見人愛，在她的左右，也一定會圍繞著許多仰慕者。如果她能保持冷靜平凡的反應，便能夠少受干擾。冷若冰霜，才能冷卻許多追逐者想入非非的熱情，使一切不出常規。相反的，如果這位美豔的女士，表現出熱情如火的態度，那後果真不堪想像。

是冷若冰霜抑熱情似火，就是眼睛的問題了。不要忘記，我們的眼睛會說話，如果她顧盼生姿，眼波流轉，那就是熱情的表示，說句不好聽的話，那是輕浮自賤，千萬不可錯以為自己的態度，是屬於神和的君子之風，如果這樣想，那就是不折不扣的神騙了。

在賣笑的行列中，豔如桃李者比比皆是，而貴族巨室中，更不乏如花的美人，其間最大的分野，就是桃李冰霜的問題。

在今天的社會裡，美男子也多得是，同樣的道理，也適用於美男子的身上。世俗的所謂美，雖然人人喜歡，但從另一個角度說來，美也是一種障礙，使人不免有巧取之心，使人容易不勞而獲，使人懶惰，常在不知不覺中造不善之業。所以，美貌的男女，更要注意加倍努力，消除這些障礙，腳踏實地的憑能力取勝。事實上，一個人經過努力而達到的，才是真正的成功，也是內在的真實美。

——《十方》雜誌　民國七十四年九月

夷邊遊學記

1

民國廿九年，抗戰第三年。

當時情況艱難，物價波動，四川的成都幾乎天天遭受日本飛機的轟炸，人人忙著跑警報，讀書不易，心情不安。

暑假後，選擇了一個專科學校，設於西康省的西昌，聽說西昌氣候好，念書環境安定，創校人是北洋工學院的院長李書田博士。

不過當時交通不發達，要去西昌只有小路，而且要經過夷人的區域。事實上，西昌一帶就是漢夷雜處的地區，就好像美國當年西部的情形一樣。

最令人吃驚的一件事就是，夷人時常搶擄漢人，行孤影單的人最為危險。夷人把漢人搶去後，既不像印地安人一樣剝漢人的頭皮，也不會把漢人殺掉，他們只把漢人當奴隸使用。

當奴隸並不可怕，可怕的是另外一樁事。

原來夷人最看不慣我們的一雙腳，他們認為腳是走路的，應該能耐粗糙的地面才是。現在漢人把一雙腳供養得那麼好，又是襪子，又是鞋子，實在大可不必。所以，當漢人被擄去後，第一件事就是，用燒紅的烙鐵把漢人的腳底板烙焦，焦而後硬，然後才可以赤腳在山中行走，像他們一樣不怕扎，不怕硬。

所以要去西昌上學，多少也要有點冒險的精神才行，好在當時年輕氣旺，既然有人敢去，為何我不敢去，反正是結隊而行，又有什麼可怕，因而決定前往。

香麻柚

九月中旬的一天，我和素君同行，先由成都坐公路局汽車到西康第一站——雅安。校方令我們在雅安聚齊，結隊一起動身。

雅安已是在山區之中了，我們到達時，正是傍晚時分，但見四周環山，仲秋時節，山巒淡霧迷濛，另有一番境界。隔著一條長橋，遠見橋那端紅光點點，一片奇怪的景色與氣氛，心中十分不解。

安頓好了行李，急忙忙趕過橋去，想看一個究竟。發現許多家門口都插著一根竹竿，竹竿頂上又插上一個圓圓的青果子，果子上插滿了香，點著了，遠看成為紅光點點的奇境。

問了許久才知道，這是一種可以吃的水果。但我是北方人，入川時正值夏季，尚未見過這種秋天上市的水果，外加平日嗜水果如命，所以一聽之下，當時就買了一個來嚐新。

豈知一口下去，立刻滿嘴發麻，比吃四川花椒還要厲害，那種滋味，就像注射了麻藥針，先麻後木，苦不堪言。後來才知道，這是尚未熟透的柚子，因為當天是中秋節，鄉人摘來焚香應景，也是習俗之一。

那些鄉下人，看見我竟被麻成那副狼狽樣子，甚覺不解，他們自己也吃了一口，還連稱味道不錯呢。原來川康一帶的人民，嗜食花椒、辣椒，他們的嘴巴和舌頭，自幼被麻、辣折磨慣了，習以為常，柚子之麻，真還算是小意思呢！我因自幼生長北方，從未見過柚子這種東西，故而難免大呼上當了。

豹子肉

丟掉了麻嘴的柚子，欲求安慰麻木的口舌，就與素君找了一家飯館子去吃飯。

雅安是由四川入康藏的前哨站，在地理上是銜接川康的要衝，故而各色人等過往甚多，飯店生意也特別好。

四川菜是出名的，館子不拘大小，菜都精彩，所以我們雖然「學」囊羞澀，但隨便點一兩個菜，也很覺享受。

吃了一半，忽聽堂倌喊了一聲：「紅燒豹子肉一個。」

當時我與素君，都嚇了一跳，不由自主的，向旁邊點豹子肉的桌上瞄了一眼。

那是三個袍哥模樣的中年人，正在有說有笑，堂倌送來了酒，他們就喝了起來。

我偷偷示意那個堂倌過來，悄聲問他豹子肉是什麼。

「就是老虎、豹子的那個豹子肉啊！」堂倌說：「好吃得很！」

這時，我們也顧不得自己的吃喝了，看見豹子肉端上旁邊的桌子，那三個人立刻吃了起來，一面談笑自如，興緻很高。我們這兩個人，也因好奇的原故，目不轉睛的望著他們吃那豹子肉……。

眼看著那碗豹子肉，我的腦海中浮出了原始森林中一隻快捷的豹子，美麗的皮毛，充滿著活力，可能還是異性熱烈追求的對象……啊！這個活生生的豹子，現在卻被宰割了，煮熟了，放在桌上被這些人吃喝著……。

可憐的豹子呀！如果你的父母仍健在的話，他們會如何的哀痛啊！你的妻子（或丈夫）一定悲憤填胸，發癡發狂罷！你的兒女也許正在嗷嗷待哺，但獵人一聲槍響後，卻立刻使他們變成孤兒了……。

「神經病！」當我把心中的感想告訴素君時，他不由得罵了我一句：「你平常雞鴨魚肉哪樣不吃？怎麼沒有想到雞媽媽、豬爸爸、牛太太、狗兒子啊？」

對啊！我心中也奇怪起來，大概從小習慣於雞鴨魚肉，所謂習慣成自然，反不悟解他們也是有生命的。現在為了一個豹子，一個平常不慣吃到牠的肉的豹子，才意識到生命的問題，可見我們平常習慣成自然的罪行，不知有多少……腦海中正在胡思亂想，忽聽鄰桌有人說：

「小朋友們，請過來喝一杯吧！」三人中的一個，滿面笑容對我們說，其他兩人也含笑歡迎。

他們一定是看到我們這兩個窮學生，自己停筷不吃，只顧對著他們桌上看，還以為我們是饞嘴呢！

他們是多麼富於同情之心啊！他們心中也許在想：可憐的孩子！拋鄉別井，逃難到此，吃也吃不好，你們的父母如果知道了，不知多麼心痛呢！

所以他們的慈悲之心油然而生，邀我們過去解饞，可是，他們自己卻同時在咀嚼著其他的生命……。

「不！不！謝謝你們，」我狼狽的說，「我們已經吃飽了。」我和素君連忙逃出飯館。

前面有塊糕

在雅安住了三四天，同學們聚集了十一名，大家就準備出發。從雅安到西昌約四百公里，因為沒有公路，只有兩個辦法，一個是兩條腿的辦法，一個是四條腿的辦法。

兩條腿，顧名思義是步行，四條腿則是坐滑竿，由兩個轎夫抬著走，所以稱為四條腿。

四條腿去的，都是紳糧的兒女，他們都是四川籍的，家中有的是糧食，有糧食就有錢，所以坐得起滑竿。像我們這些戰區流亡學生，靠著政府發給的戰區學生貸金生活，自己沒有當四條腿中的兩條，已算萬倖了，還想坐什麼滑竿呢，當然是走路。

一早啟程，我們一行十一人，大家的行李合僱了三個揹子揹著，另有一個紳糧兒子同學，坐了一個滑竿，一行總共十六人，倒也浩浩蕩蕩。一路行去，山路蜿蜒，樹木青翠茂盛，人煙稀少，空氣清爽宜人。筆者在北方看多了黃沙、禿山，至此青山翠谷，秋高氣爽，心中充滿著愉快，夷人燒腳板的事，早已丟到腦後了。

「前面有塊糕，」前頭抬滑竿的人忽然說了一句。

「你吃我會鈔。」後面的轎夫也回答了一句。

我們這幾個外省土包子，聽了大感不解，後經川省同學解說才知道；原來前面看到一團牛糞，故說一塊糕，是警告後面轎夫不要踩上。後面轎夫的下聯，是表示知道的意思。

轎夫的幽默對答，引起我們大家的興趣，一路上，但聽二人妙語如珠，對答如流，不知不覺已到中午打尖的地方，大家午飯後略事休息即再啟程。

豈知動身時，這兩位轎夫卻遍尋無著，大家都很急，後來揹子往一個小門一指，坐滑竿的同學馬上進去找，原來這兩個幽默大師正橫臥榻上，對吸鴉片呢。

大家叫他倆立刻動身，他倆毫不理睬，坐滑竿的同學拚命去拖，也不理睬，動手打他們，他們也不介意，當然更不理睬，只管吸煙，也不動怒，真是禪定功夫到家，差不多修成正果了。可惜的是，他們是癮君子，為了過煙癮，置生命、榮辱於不顧，可嘆可嘆。後來還是等他們過足了癮，才能啟程。

大相嶺

在這遙遠的邊區，原始的交通工具，原始的道路上，忽然出現了石塊砌成臺階的道路。

離開雅安後，就是緩慢的上坡路，有上有下，山路彎曲，路徑也不寬，但是，現在卻有一級一級上山的寬路，這將要翻越的山嶺，是有名的大相嶺。

為什麼叫大相嶺呢？是因為諸葛丞相修造此路而得名的。

昔日，諸葛亮平南蠻時，行軍經此，當時修造了這條路，為了行軍上的方便，路面階梯寬大，兩旁種滿了樹木遮蔭，陪襯得這條山路十分雄偉壯觀。

「這個諸葛亮，真是害死人！」紳糧同學說：「把路修成這個樣子，弄得好多人替他揹石頭，把老子的腳桿兒也走疼了。」

大家一聽都笑了起來，原來他的腳走疼了，就抱怨諸葛亮不該將路修成一級一級的。上坡路並不一定難走，但是走樓梯上坡，兩腿確實疼痛，而這位紳糧同學，因為受不了轎夫的鴉片氣，只坐了一天滑竿就改為步行了。但他不像我們這些流亡學生一樣，曾經飽受苦難，所以當他走上這些臺階，兩腿就痛得受不了，難免要怪罪諸葛亮了。

「紳糧，」一個同學說：「至少你要謝謝諸葛亮在路旁種的這些樹吧，替我們遮太陽。」

「這些樹呀！」紳糧一邊說，一邊看了那些樹木一眼，「不是他哥子種的。」

「當然不是諸葛亮種的，不過一定是他的主意。」

「不見得！」紳糧慢悠悠的說，「諸葛亮是快兩千年前的人物了，這些樹又不是松柏，頂多才種了廿年。」

經他一說，大家恍然大悟，想不到紳糧同學，是一位頭腦並不簡單的人物，大家心中不由得暗暗欽佩。

這時，大相嶺上的交通，逐漸熱鬧起來，許多客商來往，其中有些挑子，也是向西昌而行的。

大家前前後後，一同上上下下，卻不時的聽到他們的挑子裡，發出絲竹之聲。

原來他們挑了古弦琴、古箏之類的樂器，去賣給夷人。

「夷人最愛買我們的樂器，」一個挑伕說：「我們最愛買他們的鴉片。」

聽說，抗戰前四川可以種植鴉片，自從抗戰遷都四川後，政府首先禁種鴉片，所以做黑貨生意的人，只好向西康邊區去想辦法。夷人居住深山，他們種植的地方，漢人足跡難達，抽不到他們的稅，又禁不了他們，反而成為鴉片的便宜來源了。

但是，這些夷人，自己種了鴉片，只是用來與漢人換取槍支、樂器、及日用品等，而夷人自己卻絕對不吸鴉片，他們講求的是健康的身體，勇敢的精神。

——《人文世界》一卷八期　民國六十年十二月

2

在抗戰的初期，從雅安步行到西昌去上學，確實是一樁不簡單的事。當時，西昌已設有委員長行轅，主任是張篤倫先生，他的子姪等，也都在這所專科學校裡就讀。

據說，如果戰事再失利的話，在重慶的國都，就計劃遷到西昌去，所以從川西的樂山縣，正趕修一條公路到西昌，名為樂西公路，預定在次年夏季通車。換言之，現在雖然步行前往上學，但是畢業後卻可以坐汽車出西康了。

幾天過去，我們這十來個同學，已經相處很熟了，大家互相照應，沿途遊山玩水，自有一番新奇的樂趣。

曬經石

這一天，大家一早就起來了，昨日的疲勞，也隨著今日興奮的心情而煙消雲散。因為當天的中午，要經過一個地方，名叫曬經關。

曬經關位於大渡河的邊上，是因一塊曬經石而得名。

據說，當年唐三藏赴印度取經，回來途經此處，在過大渡河時，不慎將經典落入水中，故而上岸後，就在這塊大石頭上曬經，以後這塊大石頭就稱為曬經石，而這個地方也就叫作曬經關。

「唐僧取經回來，是在通天河落經入水的，」小白提出反對意見了，「根本不是大渡河啊！」這位白同學個子瘦小皮膚很白，恰好又姓白，所以大家很快就都喊他小白了。

「小白，你大概是看《西遊記》著迷了，」另一個同學說，「不過照正史上記載，唐僧取經回來，確實也沒有走這條路。」

「既然沒走這條路，怎麼把經掉到這個大渡河裡呀？」又一個同學說。

「自從唐僧到印度留學取經回來，相繼前往留學的和尚一定很多，也許後來有人是走這條路，在此曬過經呢！」紳糧發表意見了。

「哈哈！」素君忽然大笑起來，「我們現在也像唐僧一樣，去西天留學取經呢！」因為我們要去的學校，正是在西昌城外廬山的廟宇中。

想到這一點，大家都笑了起來。

「說不定，我們都是當年去取經的和尚呢！」小白又說了，「人不是有輪迴的嗎？」

大家七嘴八舌，一路說著笑著，不覺中午已到，曬經關就在眼前，性急的同學立刻跑步過去。

原來曬經關只是一條短街，十幾戶人家而已。街的盡頭就是大渡河邊，那一塊約一人高，圓桌面大的巨石，倚在河邊的土坡上，就是大名鼎鼎的曬經石。

我們都圍著這塊大石，看的看，摸的摸，旁邊大渡河的水急湍滾滾而流，發出忽忽的響聲。

沒有人說話，大家好像都在想，想到千年前的情況；交通、醫藥，一切條件那麼原始，那麼不便，但是，為了求知，及尋找真理的欲望，那些青年學子、出家人，冒著生命的危險，披星戴月……再想到他們的努力，對中華後代文化的影響貢獻，心中不由得升起了敬意。

「真了不起，」紳糧自言自語的說，「真了不起。」

沒有人問他什麼了不起，也沒有人再說什麼。

小相嶺乍見夷人

前幾天翻過了大相嶺，是諸葛丞相平南蠻所經過的高山。在諸葛丞相那次用兵之行，還經過了另一高山，名叫小相嶺。小相嶺坡度稍緩，但路途卻較大相嶺為長，步行所花的時間與體力，尤甚於大相嶺。

連日行來，海拔越走越高，上坡多，下坡少。路途中，也常見禿濯峭峻的山坡，在彎曲的山谷道路中，有時與對山道路僅咫尺相距，但行人罕見。

「你們看！」一個同學指向山谷對面的小路上。

一個夷人正在那邊的路上疾走。

他赤著一雙腳，身披一件深色的斗篷，說時遲、那時快，但見他把斗篷向上一撩，連頭一包，腳腿與上身捲縮成一團，像皮球一樣滾下山谷，又以迅雷不及掩耳的快捷，從山谷爬到我們這邊的路上，瞬息之間，離我們只有數步之遙了。

大家的血忽然凝固起來，渾身發僵，兩腿癱瘓，腳底板好像已被烙鐵烙焦。

「怕啥子！」紳糧說，「他才一個人，我們十幾個！」

一句話解除了大家心中的警報。

這時，那個夷人也與我們擦肩而過，他對我們視若無睹，只顧自己趕路。

夷人的皮膚極黑，像是非洲的土人，兩眼就如銅鈴一般，身體瘦而矯健，可能是住在山區，體力活動多的原故。如果把他們移民到美國，營養過剩一番，必定會變成又黑又胖的美式重量級拳手模樣了。

廢話少說，我當時卻大為不解，好好的路不走，為什麼要滾過山谷而來。

據識途老馬的揹伕們說，夷人上坡下坡如履平地，如果見到山路繞得太遠，他們就會抄捷徑。他們的所謂捷徑，就是滾過山谷，這樣一來比繞那條山路快得多了，反正滾下谷爬上坡對他們並不困難。

夷人的衣服，除了貼身的一件外，就是一件斗篷，是用粗羊毛編織的，又做衣服穿，也做棉被用，滾下山時又把它當包袱，包裹自己的身體。這件斗篷，夷音叫作「擦爾挖」。如果夷人在山區中攻擊漢人時，可在轉眼之間，到達漢人的面前，換言之，轉眼之間，也可以逃逸無蹤，相形之下，文明的漢人，才真是落後的民族呢！

這時，大家的精神又恢復了，同行之中的一個女生，名叫蕭琴的，剛才嚇得躲在素君的背後，臉色發白，現在忽然問紳糧道：

「紳糧！你剛才怎麼會不害怕呀？」

於是大家又回憶起剛才的一幕，當時只有紳糧處變不驚，有一股定力。他的這股定力，不但使自己臨危不亂，而且解除了眾人心中的恐懼，控制了不安的氣氛與局面，真是英雄獨壓萬人，誰敢說一個人不能轉變世界呢？

紳糧對於蕭琴的問題，只笑了一笑，然後說了兩句詩：

「縱遇鋒刀常坦坦，假饒毒藥也閑閑。」

對於那個時候的我，紳糧忽然變得遠不可及，深不可測。在啟程的時候，大家心中都有一點偏見，認為他是一個未出川省一步的土包子，家境優裕，不能吃苦，所以對他都有些輕視的心理。

而現在這一刻的我，對於自己這種以表面取人，妄下結論的狹小作風，深感羞愧，汗顏莫名。

在以後的歲月裡，我常常警惕自己，對人對事應抱客觀冷靜的態度，便是受了紳糧這次給我的啟示。

黑骨頭與白骨頭

初見夷人的一場虛驚，引起了大家談論夷人的話題。原來夷人分兩類，一類稱為黑骨頭，一類稱為白骨頭，是按照血緣的純正與否而分的。

黑骨頭血緣純正，從未與外族通婚，他們是夷人中的貴族，自視很高。白骨頭的血緣不純，他們的祖上，曾與非夷人通婚，因此，在夷人的社會中，已失掉了貴族的身分。

黑骨頭深居大涼山中，極少外出。擔任漢夷橋樑的，都是白骨頭，剛才我們所見到的，正是白骨頭夷人。白骨頭居住的地方，也在較淺的山區，有些人的生活，甚至也稍漢化。

夷人是母系社會，他們部落的酋長也是女性，在日常的生活中，女性家長也是較有權威者。

夷人男性則喜愛喝酒、比武。在喝得有些醉意時，就開始吹牛起來，張三會說，李四的祖父是張三的父親殺死的，李四馬上抗議，說張三的祖父死在李四祖父的刀下，越說越激烈，卒至動武。

這時，未醉的人就會去求救，在附近找一個較年長的女性夷人來勸架，這位女性來到，把這些動武的人，連勸帶罵，一頓吆喝，他們的醉意馬上被嚇醒了一半，架也打不成了，各自垂頭喪氣而去。

至於說搶擄漢人為奴的事，多是黑骨頭所為，白骨頭是沒有這種興緻的。

抗戰開始後，西康交通稍稍頻繁，有一次，旅客曾在附近的溪邊，看到一個外國老頭子，全身夷裝，會說夷話。相談之下，才知道他是英國人，是在清朝末年來中國傳教的，那時只有廿多歲。他在四川幾年後，又深入西康傳教，不幸被黑骨頭俘去，已經有四十多年之久，故而生活全部夷化。近來因為年紀大了，夷人對他也就頗為放鬆，所以自己常常單獨出來。問以是否想回英國，他說不想回去了，四十多年不通音信，如果回到英國，自己不認識一個人，也沒有一個人認識自己，反正回英國也好，在夷區也好，人生結果都是一樣的。

聽到這段述說，大家心中不覺黯然。

啊！廬山！

行行復行行，七天已經過去了，這四百里的路程，等於台北到高雄，快車五小時可達，可是從雅安到西昌，我們卻涉水翻山，走瘦了兩腿，也走破了兩腳。

就要抵達目的地了，大家的腳步也盡量加快，有一兩個同學，竟然捨下大家自行先走了，反正當晚就住在學校，不一塊兒走也沒有關係了。

接近西昌時，似乎又進入了平原，這是高山上的平原，爽朗的氣候，蔚藍的晴空，使人有無限的舒適感。

隻身到建昌　不想回家鄉
要想回家鄉　可惜沒衣裳

揹伕在唸著打油詩，大概他們每次到達西昌時，都會順口唸上一唸。所謂建昌就是西昌的舊名，西昌氣候宜人，四季如春；最使人愉快的是，一年到頭都是晴天，如果下雨的話，也是很短的時間。所以揹伕們到了西昌，只有一兩件衣裳就可以過冬了，多餘的錢，就吸鴉片，等到有一天思念四川故鄉，遊子欲歸時，反因沒有厚衣裳，而回不成家鄉了，這些都是揹伕們的感嘆。

越接近西昌，來往行人越多，附近的農村，孩子們的叫鬧，狗的吠聲，都給人一種將抵家門的感覺，彎彎轉轉的鄉村小道，路邊的樹叢……

「攏啦！攏啦！」揹伕叫著說，四川話就是「到了到了」的意思。

抬頭一看，但見前面汪洋一片，碧藍的湖，像海水一樣，伸展到遙遠的山邊。圍繞著湖邊三面的遠山上，長滿了密密的樹木，在這夕陽西下的一刻，呈現出一股蒼煙色，那遠遠的湖面上，有一團縷縷淡淡的薄雲，像仙女一般，正踏水而行！

好一個世外桃源！

大家瞇起了眼睛，仔細看了一陣，因為湖面太大，對面山上距離很遠。

大家終於看到了，在對面半山上，我們的學校。

「看！萬綠叢中一點紅！」小白叫著。

那些紅色廟宇，正是我們千辛萬苦投奔而來的地方。

——《人文世界》二卷一期　民國六十一年一月

邛海面積頗大，約有日月潭的四倍，我們坐船渡過了最狹的一端，再順上山的路前進，路旁種著柏樹，整齊美觀，上山約廿分鐘即達校門。

在將達校門時，遇見一對漂亮瀟灑的中年夫婦，正一同下山，看見我們時，很熱情關懷的招呼。經過長途跋涉，首先遇到的人如此和藹可親，年輕人的心中立刻充滿了溫暖。後來知道，他們就是礦冶系的主任雷寶華先生和雷師母，雷先生後來在台灣，曾任台糖公司總經理多年，當他在西昌任教時，曾私人獎助清寒學生，是一位極受同學愛戴的教授。

3 學校內外

我們這所西昌技藝專科學校，分三年制專科及五年制專科兩種，有土木工程科、化學工程科、畜牧科、礦冶科、農林科及蠶桑科等等。學校佔據了廬山主要的大廟一片，前後左右，上上下下，共有六層之多。

因為創校第一年，全校師生不過百餘人，就像一個大家庭一樣，素君、小白，及我，都在五年制土木工程科。

上課的教室，有些是廟中的客房，有些就是大佛殿，神像巍然，學生就坐在菩薩的旁邊，隨時可以抱佛腳了。

在四大金剛站立的穿堂大殿中，擺了幾張桌子，就是學生飯廳的一部分。那時，一切因陋就簡，大家都是站著吃飯，站累了，就坐在金剛的腿上，或者靠在金剛的身上。

在這裡，生活是原始的，沒有電燈，晚上自修，就是油燈一盞，由學校每月發油一次，同學都有自備油罐。

可是，學校發給大家點燈用的油，多數都被同學吃到肚子裡去了。因為伙食欠佳，外加年輕人的肚子本來是永遠吃不飽的，所以就用點燈的油炒菜炒飯，等到晚上要做功課時，就三五成群，圍著一盞可憐搖曳的油燈對付。

有些同學，爽性天黑睡覺，早一點起來用功，自已採用日光節約時間，可以永遠不要點燈。總之，八萬四千法門原理只是一個。

神祕的邛海

軍號響了　催豬起床

起來看豬　豬在床上

起床號吹了，大家仍然賴床不起，在被窩裡隨著號聲，唱罵睡懶覺的自己。

我們的這間寢室，必定是原來修行僧的睡房，窗戶是用木棍撐上去的。撐開了窗戶，看見山下的邛海與遠處的大涼山。廣闊的視野，使人心境開展，對修行的人，必定是一個好的開始。

大涼山是夷人集住之所，在清晨的微曦裡，山巒中白煙裊裊上昇，山凹下那一片的邛海，正是詭祕莫測，水深無底。據說，船伕只敢沿岸而行，不敢到中間去，因為中間有巨形海底動物，常會把船撞翻。又有一種說法，稱靠山那邊的邛海，底通太平洋，難怪在風和日麗的時候，邛海卻無端白浪滔天，浪頭翻著白花，一定是太平洋上正吹著颱風，海水從下面鼓動了邛海，大洋中的鯨類，也許偶爾鑽到邛海中來渡假，弄翻幾條小船開心解悶呢？

集合的號聲又吹起了，大家匆匆集合在山門外的廣場上，那是升旗與早操的場所。

「一二三四、二二三四、三二三四……」大家在舒展著筋骨，忽然大涼山的頂上，冒出了金黃色太陽的邊緣，剎時間，邛海中霞光萬道，天地改觀。再看那東山的朝陽，正在一跳一跳的上昇，恰如一個有生命的物體一般，轉眼之間，它已跳離了山頭，變為白色，它跳躍的姿態亦不復再見了。

在這天以前，如果有人說太陽是跳出來的，我必定如朝菌不知晦朔一般，絕對不會相信的。

炒菜

在全校百餘位同學中，女生僅有十幾個，所以女生的身價百倍，不愁沒有男生追求，因為學校以外，更沒有其他的學校，可以增加交友的機會。

但在這個環境之中交朋友，既不能去看電影，又無咖啡館可進，所謂交朋友者，也不過是花前月下，廟門邊，菩薩前，金剛後，吹牛談天而已，真可謂，三千大千世界，何處不是道場。

有一次，一對男女學生，於晚自修時間，在廚房卿卿我我的談天，恰好訓導主任從廚房穿過——因為教職員宿舍在廟外的地方，走進學校，穿越廚房是近路——當時就問這對同學，為何不在教室自修，站在廚房作什麼！這對同學一時急中生智，答曰：「我們在炒菜。」自此以後，男女同學交友約會，就稱作「炒菜」了。

學校的男生，每夏翹首盼望新生中的女生，稱她們為「新菜」。如果女生與男生友情告吹，另交新男生時，被稱為「回鍋肉」，是表示炒過的菜又再回鍋的意思。

男生在慨嘆女生太少之餘，作了一首舊瓶新酒的歌，其中有一句是：「新鮮肉少，回鍋肉太多，一失足就成千古恨啊！」

儘管如此，在校炒菜成功，結婚過著幸福生活的還頗不乏人，去秋帶領中華籃球隊，到日本比賽的領隊齊劍洪，在校時就是籃球校隊，每逢比賽時，羅蕙先（後來的齊太太）必定隨往作啦啦隊。羅蕙先也是體育健將，後來他們一同再入國立體專，專攻體育，他們的大女兒齊鈺梅，也是台灣師大體育系的優秀畢業生。

另有一對是駐防屏東的空軍譚振飛，和他的太太邵靜，譚振飛後來投效空軍，在飛行官校十六期畢業，於美國受訓歸來後，在成都與邵靜結婚，我們都曾參加他們的婚禮。現在回溯卅年前在校的往事，頗有隔世之感。

老張的布鞋

星期日的早上，風和日麗，要進城的同學，都已走了，不進城的同學，有些在作內務，洗衣曬被，有些在教室啃功課，校內校外，一片安詳與平靜的氣氛。

我和幾個同學，在山門外曬太陽，欣賞著大自然的風光。初冬溫暖的陽光，曬得大家懶洋洋的。

「老張來了！」武心潛說。

山門裡，走出來張同學，因為他平日沉默寡言，表情木訥，又不與我們同班，所以，我們從未與他交談過。武心潛與他同一寢室，背後稱他老張。

老張走出山門，經過我們面前，慢慢走下山去，好像是在散步。

「你們看他腳上那雙布鞋！」武心潛低聲說，「千萬不要碰它，他會跟你拚命的！」

「奇怪了，」小白說，「一雙布鞋有什麼了不起？」

那時的同學，不論男女，百分之八十都穿草鞋，或者是線打的草鞋，現在有人穿一雙乾乾淨淨的布鞋，卻真有點希罕，可是總不能說了不起。

「這雙布鞋真是了不起。」武心潛說，因為他與老張比床而臥，發現老張對這雙布鞋十分珍貴。每逢星期日的上午，如果天氣晴朗，他就換上這雙布鞋，在校內校外散步遊玩一番，然後脫下來，仔細刷好，再曬一曬太陽，就用紙包好，放在木架的箱子上。

有一天，武心潛不小心，把老張這雙布鞋撞掉地下，弄髒了，老張就大發雷霆。過了幾天武心潛忍不住，還是問老張，為什麼這樣小氣，為了一雙鞋就發脾氣。

原來老張是農村子弟，家在淪陷區，他的母親守寡扶養他成人，在遠離家鄉，到後方來求學時，母親做了這雙布鞋給他。

怪不得老張沉默寡言！他無論行住坐臥，都在思念被抗戰隔離的高堂老母吧！他的笑容是留待再見母親時才會展露的麼？這時，我心中忽然頓悟到，老張木訥表情中所包含的眼淚，以及「慈母手中線」母愛中所蘊藏的思子之痛，一時心中萬念翻騰，不知所依。

再順山路看去，老張正踱著慢步，走回山來，他獨自踽踽，是在內心作著禮拜的祈禱麼！此時此刻，他那家鄉孤獨的母親，不是也正在忍受著無盡的擔心與企盼，思念著她的獨子麼！轉念又想到自己的母親，不是同樣的也在淪陷區受著煎熬嗎……

這時，老張已走回來了，我不忍心對他看去，我怕看見他那落寞的表情，但一抬頭，卻見淚眼模糊，不知淚水是在他的臉上，抑是在我的眼中。

添油在此

冬盡春來，滿山遍野充滿著欣欣向榮的氣息。

這天的一早，校中來了一些香客，到處磕頭燒香，這是佛教香客們朝山拜佛的日子，據說，有些進香的信徒們，竟不遠百里而來。

香客們越來越多了，因為廬山上的廟宇很多，除了一部分被我們學校佔用外，上面仍有許多較小寺廟。這些香客們，逢廟就進來磕頭，也不管是不是已經改作學校了。

我們在校無事，就走出山門，順路下去觀望一番。但見山路兩邊擺滿了飲食攤子，路上香客之多，猶如過江之鯽。再看邛海中，一船叓接一船，都滿載著香客，有男有女，有老有幼，大家赤心抱一誠，臉上都掛著慈祥和平與喜悅。信心的力量真是不可思議，一時把個暮鼓晨鐘的廬山寺院，變為活躍奮發，生命力充沛的地方了。

我們這些學生，夾雜在香客間，在路邊吃吃喝喝，所吃的，不過是花生、包子、炒涼粉、米糕之類，都是鄉下人趕集的東西。但是，那天吃來，卻滋味無窮，終生難忘。

山下留連了一陣，再回校中，卻見教室中貼了許多條子：「添油在此」。原來許多香客都提著油，有一個見到教室菩薩邊的小油罐，就添油進去。而這個油罐卻是一個同學的點燈油罐，現在意外的有香客添油進去，不免大大的高興起來，一時引發了有些同學的靈機，紛紛拿出自己的油罐，寫了個「添油在此」的條子貼上，吸引香客替他們加油，以便炒飯。

發現了這種惡作劇，有些同學心中卻替香客不平，素君尤其不滿；他說香客們辛辛苦苦，是要給他們崇拜的神像點燈，我們不該欺騙他們，把他們敬神的油吃下去。

「你不要操心，」紳糧恰好經過，聽到素君在發表高見，「這件事分兩段來看；添油是一段，受油是另一段。」

「兩段怎麼樣？」素君問。

「添油的人一片赤誠，是他們的動機和敬意，這是一段事；至於說這些油，是否依照他們的意思而用，對他們的動機毫無損害。」紳糧說。

「怎麼沒有損害？」素君問，「不能給神像點燈了呀！」

「這是另一段，歸受油的負責，」紳糧又說：「濫用人家的油，由受者負責；換言之，添油的人誠心添油布施，種下了他的善因，受油者欺心貪污，種下了他的不善之因，各種各的因，將來各得各的果，你操什麼心呀！」

聽了紳糧這番話，小白趕快跑進教室，把他剛貼好的「添油在此」撕了下來，並且連油罐也藏了起來，好像生怕被香客誤添了油，無端種下了不善之因似的。

看到了小白的行動，我們都笑了起來。

——《人文世界》二卷二期　民國六十一年二月

4

我們這一班，五年制土木工程科，共有十八個學生。我們的教室在山門之外，左邊的跨院中。這個跨院，也依山勢地形而造，有上層、下層、天井等，共有教室七間，外加偏院中的單身教員宿舍。

十姐的週末

我們這十八個同學，有北方人、江浙人、四川人、西康人、雲南人等，大家感情甚佳，猶如手足。

有一天，不知是誰提議，十八人結拜金蘭。話一出口，立刻得到全體的贊成，馬上抽籤決定大小。

大哥莊同學，二哥李同學，三哥田家樂……唯一的女生就抽到了第十，大家立刻歡呼，同喊十姐。

素君是十四，心潛是第五，小白是十八。

不結拜金蘭倒也天下太平，自從結拜之後，大家感情又進一步，距離也就更近了。一時寢室飯廳，山上山下，呼來叫去的，不是大哥就是五弟，八哥，十姐等，好不熱鬧，他人為之側目。

感情好，固然學業互相砥礪，同時卻也增加了不少嬉戲的時間。每逢週末的晚上，大家集聚在教室，憑著一盞黯黯的油燈，就昏天黑地的又吹又唱，一直鬧到很晚。離鄉背井的遊子們，倒也得到不少手足的溫暖。

有一次，忽然有件特別的發現，好像每次週末的燈，都是點在十姐的桌上，再回溯一下以往，似乎每週六的晚上她都伏案在寫。

真是怪事！

「你每週六都在寫，寫什麼呀？」

「家信。」十姐回答說。

十姐的母親在淪陷區的開封，她的父親在鄭州，那裡雖未被日軍佔領，但距離西昌卻真是太遠了。

前一年，十姐由陝入川時，中途曾遭覆車之禍，幸虧僅受輕傷。她的父親知道後，曾責備她不知愛惜自己的身體，使父母擔憂於千萬里之外，是謂不孝。

「那時我才了解，所謂『身體髮膚受之父母，不可損傷』的意義。」十姐又說，「『君子不立於危牆之下』，原是怕使父母擔憂或傷心。」

「自此以後，我就常常竹報平安了。」十姐笑著說，「可是久而久之，反倒一次不敢偷懶，因為既然家中經常收到我的信，如果一次脫期，反會使他們擔憂是否又有意外發生了。」

「唉！」五哥嘆了一口氣，「我一向是要錢時才寫信！」

「你何妨使父母驚奇一下，」二哥說：「改成收到錢的時候寫。」大家哄堂大笑。

「我明天一早就寫。」五哥用決心的口氣說。

「要寫就是現在，為什麼還等明天！」十姐說。

「十姐啊！我們這個月的油都吃光了呀！」

大家又哄堂大笑。

十八弟兄與四大金剛

暑假快到了，聽說校方有意拆除四大金剛，增加飯廳的容量。

十八弟兄有人得到情報，馬上想出了暑期打工的辦法，向校方要求承包拆除工程，幾經磋商，總算成功了。

大哥、二哥、四哥等，都是山東河北的哥兒們，一個個身強力壯，其他的也不弱。我們的工作是把泥塑的四大金剛打破，然後把土挑出山門外，從山坡邊傾下，估計兩天送走一位金剛，八天也可以完工了。

大考完畢，十八弟兄擦拳摩掌，立刻動工，剷子，挑子齊備，正要動手去打。

「慢一點！」大哥說著就走上前去，對每一位金剛作了一個揖，說道：「四大金剛在上，我們十八弟兄，一向感謝各位在此護祐，此次奉令請諸神讓位，實非得已，現在我代表十八弟兄，先向各位謝罪，以後雖然各位形像不在，但仍請常駐此處，隨時照顧指引，多謝多謝！」說完又作了一個揖。

大哥剛說時，有些同學經過，駐足而聽，也有人發笑，後來聽他說得誠懇，也就不笑了。此時二哥一鋤頭打過去，五哥四哥也都跟進，大家就努力打呀，挑呀的流起汗來了。

妙事發現了，原來金剛的肚子中，有很大的木架子，這是校方事先未曾估計到的，當然十八弟兄也沒有預料到，工作因此減輕不少，但是糾紛也來了。

校方看見這麼多木材，可以賣不少錢，就認為該歸校方，但我們認為事先並未說明，當然應順理成章歸承包人所有。最後還是我們勝利，金剛架子的木材，賣了頗為可觀的錢，成為我們意外的收入。

「都是大哥的功勞，誠心感動四大金剛，」五哥說：「幫我們一個大忙。」

「我還怕四大金剛會恨我們，作弄我們呢！」小白說。

「這一切全看你的心了，」大哥說：「如果沒有誠意，天天對他磕頭也是白費，如果一心至誠，泥塑木雕，除之何妨！」

「真所謂：守戒的和尚不昇天堂，」紳糧說著也趕來湊熱鬧，「破戒的比丘不落地獄。」

林中捉菌子

「十姐！十姐！」

女生宿舍房門外，十八弟在低聲的叫著，這時天尚未亮，一彎下弦月正掛在天空。

十姐悄悄的出來了，看見外面臺階上，還站著五哥、十四弟、小白等，於是大家就一起出了山門，往樹林中跑去。

進了樹林中，天色已破曉了，果然不遠就看到樹根邊上長著一個香菌。一轉眼又看到了一個，再走幾步又看見一個。

黎明前入林捉菌子，對於北方人來說，實在奇妙無比。聽說朝菌見陽光就枯萎而消失，所以要趁太陽未出時，把它捉住，因此稱為捉菌子。新鮮的香菌，清香味美尚在其次，採捉時的奇妙情景，真是難以形容。

這時，林中的露珠，已沾溼了大家的草鞋，夜宿林中的鳥兒，受到了我們的騷擾，有的在啾啾的抗議，有的展翅而去，清晨的林中，充滿了生命濃郁醇厚的香味，我們都全神灌注在地面上，四下找尋，採集。

一縷晨曦穿林而入，天已經大亮了。

「啊！多美呀！」十姐驚呼著，她看到了一個五彩燦爛的香菌，又大又漂亮，恰如一朵豔麗的花。

「不要動它！」十七弟連忙去阻止十姐，「這是有毒的菌子，不但不能吃，連碰都不要碰。」

十七弟是西康人，熟悉山林中的事物，清晨捉菌子，正是他的主意，對於辨別這些野生的東西，他更是一個專家。十姐聽他這樣說，嚇得連忙把手縮回去了。

「樣子愈平凡，愈是好吃，愈是美麗好看，愈是有毒。」十七弟又給大家解釋著。

再回頭看那朵美麗的香菌，濃豔而孤單，恰如一個被人識破的妖女。自此以後，每逢看到濃妝豔抹的女性，總不由得想起林中那個美麗的香菌。

好甜的甘蔗呀

這天晚飯後，羅蕙先抱出來一個籃球，約十姐、耿德蔭等幾個女生，一同去打籃球，齊俠、素君、八哥等也跟著一同去湊熱鬧。那時女子籃球是六人一隊，三守三攻，不許過中線，當時因為湊不夠人，就男女混合打，採用女子規則。

正在熱鬧的時候，小白跑來了，把素君喊到場外，嘰嘰咕咕一陣，素君就笑著喊我們去。

原來小白新發現，山下校中農場的甘蔗已經熟了，那管理員當天要進城赴宴，回來得較晚，所以約我們一塊去偷甘蔗。

我們本來不想再跑下山去，但小白一人又不敢去，因為在樂西公路通車後，有一輛汽車夜晚在附近山邊行駛時，看見大路中央臥了一隻豹子，待汽車開近時，這隻豹子才搖搖擺擺的走開。自那次後，校方告誡同學，晚上不可單獨出校下山，以免碰見豹子。

所以小白再三慫恿我們一塊去，當時，可能是我們前生的潛伏賊性發作，大家就跟他一塊跑下山了。

天黑後，大家摸進蔗田裡，希望拔幾根甘蔗就跑。當時總以為，拔甘蔗就像拔蘿蔔一樣容易，哪知拔了半天，也沒有拔起來一根，而身上又未帶任何刀子，斧子等工具，正在狼狽奮鬥的時候，忽聽見：

「好甜的甘蔗呀！」管理員一聲大喊，嚇得我們四散而逃，十姐在急忙中又摔了一跤，爬起來就向上山的路奔去。大家一面往回去的路上跑，還聽見管理員在後面大喊：「下次別忘了帶手套來呀！」

跑到半山，聽見無人追趕，大家才紛紛坐下來喘氣。

「小白，你這個糊塗蟲，真害人不淺！」十姐罵著。

「小老弟呀，你是和管理員串通好的吧！」八哥也挖苦著小白。

這時，小白只有傻笑的份兒，大家就一路抱怨著他不提。

豈知麻煩還在後頭，回校洗手時發現，渾身上下都沾滿了甘蔗的芒刺，又細又軟，有些扎進皮肉，看也看不見，拔也拔不出，弄得大家叫苦連天。

這時才突然想起，管理員後來的一句話：「下次別忘了帶手套來」的意義，一時更覺啼笑皆非。原來我們連作賊的能力都沒有，還空談什麼救國救民的抱負。

唉！天下事真沒有一樣是簡單的啊（除了吃父母的現成飯外）！不過，與其費事去學偷，還不如學正事來得方便容易些呢！

夷人侵襲

夏日主要的時間，都消磨在游泳上，每天午睡後，成群結隊下山，到邛海去游水，直到日落才上山回校，一個暑假就在玩樂中過去了。

夏去秋來，新學期又開始了，返家過暑假的附近學生們，也都紛紛回來了。

這天晚飯後，訓導主任忽然集合全體學生，宣佈剛由城中傳來的消息：後山的夷人，當夜要侵襲我們的學校。

這真是晴天霹靂，據說夷人是怕廟中神像的，現在聽到神像已被拆除，就無所顧忌，要來進攻。

這時，大家不了解夷人的目的何在，若為財物而來，倒也罷了，若為俘擄奴隸而來，茲事體大，個個人心中都充滿了恐懼。

訓導主任又說，校方已派人在山頂巡邏守夜，如見夷人有翻山而來的意圖，即以號角為記，請大家提高警覺，夜中若聽見集合號聲時，就趕快逃命。向哪裡逃命呢？

會爬樹的可以躲在樹上，跑得快的可以奔下山去，游水渡海。不會爬樹，也不會游水的，只好自己設法躲藏，這是校方給大家的指點，據說，夷人是不會追下山去的。

這時，城中有親友可投奔的同學，趕緊收拾細軟，連夜回西昌城裡安全地方去了。

剩下大多數無處可去的同學，就紛紛議論，擬出了許多辦法，有的說應連夜挖洞藏身，有的說到樹枝上去睡覺，有的說到海邊去過夜，以策安全。

最後，十八弟兄決定了自己的辦法，找了幾根木棍子，捆在一起，作成一個小小木筏，在緊急時，坐在上面渡海，會游泳的弟兄，連推帶扶下水幫忙，十八人一塊逃命。就這樣忙東忙西，一直折騰到深夜，已精疲力盡，也就上床睡覺了。

號角忽然響了，大家立刻從床上跳起來。原來是起床號的聲音，天已經亮了，一夜卻平安無事。看看窗外平靜的邛海，心中似乎有點不大對勁，不知是為了沒有失掉什麼，還是為了沒有得到什麼？我們到底是沒有成功呢，抑或是沒有失敗？

——《人文世界》二卷三期　民國六十一年三月

5

幾篇遊學記之後，發現我們真有些遊而不學的味道；實際上，我們的學業，在這裡奠定了很好的基礎，也是我要衷心感謝許多師長的。

張朵山教授

張朵山教授是我們的物理先生。

張先生畢業於清華大學，留學美國，曾任幾個名大學的物理教授。

像這樣好的教授，為什麼要教五年制的我們呢？這就不能不歸功於教務的良好安排了。

校方認為五年制的基礎很重要，而我們這班的物理都很差，所以第二年特別安排張先生來教。

張先生是北平人，不但物理好，英文更是棒，外加言語輕鬆灑脫，為人不拘形跡，幽默可親。

可是，物理的確是一門沉重的學科，有一天，講到某一處，講了很久，大家仍然糊塗，張先生忽然說起英文來了。

「I HAVE TWO DOWN SON」

大家全傻了，因為聽不懂是什麼，驚訝這位英文很棒的教授，一定說的是美國土話，一時全體對著他發愣。

過了幾秒鐘，大家已從枯燥的物理中解脫出來了，他才說這個故事：原來有兩個學生，規定見面要說英文，以加強練習，這日二人在學校相遇：

「I Have two Down Son」甲說。（我有兩下子）

「Don't Tiger me」乙說。（不要唬我）

「You no see see I am who」甲又說。（你不看看我是誰）

大家聽了哈哈大笑，一陣輕鬆過去，又回頭講物理了，說也奇怪，剛才的難懂，忽然變成簡單明瞭了。

張先生從不點名，同學不守規矩時，他更不會責罵。有一次上課時，小白與十七弟在悄聲商量什麼，很久未停，張先生忽然問小白：

「你會不會作中英合璧的詩呀？」

「不會！」小白回答說，一時摸不著頭腦，不知張先生用意何在。

「我唸一首給你聽聽，」張先生說，因為有一天正在看書，忽然吹進來一陣風，把書吹亂了，即興作詩一首：

狂風 Blowing
吹在 House 中
Books 亂動
How Can I 用功

中英合璧的詩，居然能夠押韻，實在很妙，說悄悄話的兩人，當然也不好意思再說下去了。

期終考試的時候，張先生買了一大包花生米，當我們在下面緊緊張張的答考卷時，他卻在講臺上大吃花生米，並且說：

「你們來繳考卷時，都要吃我的花生米，不吃的人算不及格！」

大家聽到都笑了，緊張的心情也一掃而光。

這門艱澀的物理，在張先生的教導下，居然變成一門容易的課程了。

元旦嬉水

元旦日，天氣晴朗，溫暖舒適，一個人正覺無聊，想到山門外走走，經過飯廳時，看見譚振飛與邵靜，正在飯桌邊談話，使我不禁懷念起四大金剛來了，那時，大家總是在金剛的背後談天，自從金剛拆去後，炒菜的優雅情調也沒有了。

十姐從宿舍走了出來，二哥也正從下面教室上來。

「下山游水去啊！」二哥對我們說，也不知是真是假，因為山上風大，我們有的穿著棉衣。

反正是無事幹，我們幾人真的拿著泳衣下山去了。一路走下去，被太陽曬得熱不可耐，毛衣、棉衣，都陸續脫掉了。

站在水邊，大家東扯西拉，沒有一個人下水，而此刻的邛海正清澈見底，明亮如鏡。

「你不是要游水嗎？」素君問二哥。

「當然啦！誰先下水？」二哥反而問起別人來了。
大哥真是大哥，一馬當先，下水游了一圈就上來了。
「好舒服啊！」大哥一面用毛巾擦，一面愉快的說。
素君、小白、五哥都下水去了，上岸後，個個說暖和，個個說痛快。
「十姐！只剩我們倆個了。」二哥說著，也下水去了，他一邊在水中游，一邊嘻嘻哈哈的說：
「好啊！太棒了！痛快！痛快！」
十姐仍用半信半疑的態度看著他，於是大家都催十姐快點下水，嘗嘗水清見底的海中滋味。
「到底冷不冷？」十姐仍在問，因為岸邊水淺處，經過日曬，的確是溫暖的。
「真的不冷！」五哥很認真的回答著。
二哥上來了，十姐果然下水。
「噯喲！冷死人了！」十姐大叫起來，她一定以為真的不冷，下水一蹬腳，就從岸邊衝出去丈把遠，這才發現深處水冷如冰，她一面叫喊，一面拚命的回頭往岸邊游。

在岸上的這些人，這時同聲哈哈大笑起來。

「把我的腳板都凍抽筋了！」五哥這時才說實話。

「騙人！還說不冷！」十姐已上來了，趕過去打了五哥一拳。

「我說不冷是岸上不冷啊！你問我時又沒有指明問水冷不冷！」五哥賴皮的說，一面在躲。

「我們都沒有說水不冷啊！是你會錯意呢！」大家都在向十姐開玩笑。

這時，十姐才明白，每人下水都知道水冷無比，但是故意不說，好讓別人同來嘗嘗寒冷澈骨的滋味。

不過，大家既然已經登岸，過去的一番折磨又算什麼呢？

轉變

在世外桃源的廬山，渡過了一年多平靜的時光，忽然被外面的世界波及了。元旦前不久，珍珠港事變發生了，英美立刻對日宣戰，我們幾年艱苦的孤軍奮鬥，至此有了盟友參加，戰場也擴大到緬甸，與盟軍並肩作戰。到了三、四月間，蔣委員長偕夫人，前往印度訪問，並視察緬甸戰區，軍中對知識青年的需要，亦愈來愈切了，許多學生後來赴印參加遠征軍不提；譚振飛也於不久考取了空軍官校。由於戰線的延長，戰區的擴大，日本對重慶及成都的轟炸，無形中日益減低，許多同學不耐寂寞，開始返回渝蓉轉學。

學校中瀰漫著一股外流的氣氛。那時的樂西公路，雖然通車已快一年，但是公路局車次太少，急著趕路的人，只有在貨車落腳的地方，找到司機，討價還價，以求搭到便車，稱為黃魚車，也是抗戰時期後方的普遍現象。

這天的晚飯後，聽說西昌有幾部貨車到來，大家連忙下山，進城去想辦法，有的人連行李也帶去了。

辦法是有了，可是次晨車子就要開，而我的行李衣物仍在山上，那時已是夜晚十時了。

恐怖的一夜

午夜過後，大約兩點多鐘，一個人離開西昌城，沿山路徒步回去，計劃六點前到校，拿了行李坐船進城，可以趕上九點啟程的貨車。

出城後，路邊的人家間或有幾聲狗吠，那天大約是農曆的十八左右，扁圓形、黃澄澄的月亮，猶高懸天空，路上並不太黑。

越走離城越遠，漸漸進入了荒野的山區，忽然發現自己孤單的身影，心中不由得害怕起來，腳步也就加快了，此刻，但覺人世間一切都已休止，只有自己這個傻瓜，卻莫名其妙的向荒郊奔跑。

這時，又聽到耳邊忽忽的響聲，原來是自己走路時衣服的聲音，這個發現使我心中大吃一驚。

再向天上望去，但見那冷清清，神祕的月亮，正被浮雲半掩，淒涼無比，一時真不知此身何處。

正在心無所住時，忽見前面不遠的路邊，蹲著一頭豹子，立刻駭得冷汗直流！

停腳再看那頭豹子，並未向自己撲來，一時浮雲散去，才發現只是一叢矮樹。

於是我就開始注意路旁的那些樹叢，發現在昏昏淡淡的朦朧月光下，無一不似老虎豹子，甚至鬼怪妖魔，心中的恐怖，就此不斷的增長起來！

「噗！」的一聲，嚇得我幾乎昏倒，一隻大鳥突然從樹上飛起，進入山林中去了。

前面似乎是無窮盡的未知之路，每分每秒都像一生一世那樣難熬，這豈不就是煉獄嗎？幾次想返身回城，但回頭路又何嘗不可怕！

為什麼我要深夜在荒郊奔跑？究竟是我支配自己的一切呢？抑是一切在支配我？我，究竟又是誰呢？

連續不斷的緊張與恐懼，身心已達崩潰邊緣，這時，忽然想得到解脫，希望真的跑出來一頭豹子，立刻將自己吃掉，豈不是結束了一切的恐怖與痛苦嗎！

但轉念馬上想到，萬一被豹子吃掉後，一切並不如活著時所想像的都結束了，那才真正是可怕的事！

那時候，父母獲悉自己午夜荒郊喪身虎豹的哀痛，是多麼的悽慘，自己也一切無能為力了，最最可怕的是：那時的自己又往哪裡去呢？

想到這裡，難免又懷疑起來，自己究竟從何而來？

是的，父母給了自己生命，但這個生命又是什麼？新細胞隨時在生，舊細胞刻刻在死，自己不過是個新陳代謝的軀體而已！

一時腦海中又浮現了幼年渡黃河時的情景，遠遠看到的黃河波濤，像是黃色的沙丘，只有在走近時，才看出是流動的水，水不停的在流，眼前所見的水，立成過去，而那上游的水，亦經過眼前變成過去，一切都在成為過去。

如果說這個軀體就是自己，那豈非也像黃河之水，每秒都不停留，時時都在成為過去嗎？

宇宙間的一切，有永恆不變的嗎？一切有生的，自然有消滅，會增加的，亦會有減少，那麼，只有不生不滅的，無增無減的，才可能是永恆不變的。

在自身之中，除了日日消滅的軀體，是否可能也有一個不變的永恆存在呢？

正在胡思亂想的時候，發現不知何時，眼前的一切都清晰起來，回顧望去，原來天已經亮了。

奇怪！恐怖萬分的是自己，胡思亂想忘掉恐怖的也是自己，能怕、能想、能知的究竟是什麼？把一切的「能」都丟掉後剩下的是什麼？把剩下的也丟掉後又是什麼？

起床號吹起來了，我剛踏進山門。

別了！廬山！

三教九流的各色人等，擠在一輛大卡車中，大家坐在行李箱籠上，慶幸有機會搭上這輛車子。

車子開離了西昌，走上了公路，大家在談論著開路時的困難，以及開路時犧牲了生命的工人們……我回頭注視著廬山，回憶到初見時那一刻的興奮。

青山翠谷，紅牆綠瓦，忽然淹沒在水霧之中……

別了！廬山，別了！別了！

——《人文世界》二卷四期　民國六十一年四月

你是哪一型人

第一型——庸人

思想缺乏系統
口不擇言
說的比做的多
交往中缺乏品格高尚人士
看相算命找風水，希望少付多收
最喜歡不勞而獲
人生似乎沒有目標
隨波逐流

第二型——士人

做事有計劃
實事求是腳踏實地
說話有條理，不繁瑣
做事負責
作人有原則
不見異思遷
潔身自愛
人生有目標
富貴貧賤皆能處之泰然

第三型——君子

言而有信而心中無怨
思想敏銳，顧慮周到
有重任在身而外表從容不迫
努力不懈
對外界的不敬和誤解不介意
只反省自己的行為，不管他人的是非
使人油然起敬

第四型——賢人

言談舉止合乎道德標準
見解言論足為社會人群遵循的法則

說的再多，也毫無不當之處
有救人救世的學問
不追求功名富貴

第五型——聖人

極高明而外表平庸
具備一切教化救世的法門
救人救世於無形
具一切美德而不外露
與其共處而不識其偉大
與日月並明

——洛杉磯《人文天地》一九八四年七月號

——取材自趙蕤《長短經》

川端康成和橫井莊一

一九七二年的日本，發生了兩樁大事。

一件是二次大戰的一名逃兵橫井莊一，於關島穴洞藏身廿八年後，終於被發現而返歸故鄉。

另一件是川端康成，一個諾貝爾文學獎的得主，名利雙收的作家，引煤氣自殺身亡。

橫井處身於生死邊緣，共廿八載之久，但是他在求生本能的支持下，把人類的體力與心力，發揮到極限，克服了不能克服的困難，戰勝了身心雙重魔障，終於活著回來。

再看川端康成，一個成功的文學家，得到文藝界人人羡慕的最高榮譽，但卻不能戰勝心魔，而終於自己結束了寶貴的生命。

一個一無所有的人，一個刻刻受到死亡威脅的人，拚命設法活下去，橫井是成功了。

一個擁有世上的一切，在金錢與讚美紛至沓來之下，卻去追求生命的完結篇，川端也達到目的了。

橫井與川端，同在生存的浪潮中翻騰、奮鬥，但是橫井成功了，川端卻半途棄權。

橫井的成功，引起世界上億萬人的讚歎，川端的棄權造成了舉世的迷惘。

橫井求生成功的最後結果，與川端半途而棄的結果又有什麼不同？人生是否貴在奮鬥呢！

橫井和川端，一個是文化水準平平的人，一個是有思想，有學問，有成就的人，他們對生命所持的努力方式與態度的不同，似乎顯示出知識與思想有時卻是人類最大的束縛。

在川端自殺的消息傳來後，林語堂博士曾認為：可能川端之自殺，是受了禪的空寂的影響（大意如此）。那麼川端與禪究竟又有多少關聯呢？

筆者並未遍讀川端的全部作品，但從所閱的幾部著作而言，卻深為所動，愛上了川端作品中那股淡淡的情調，與濃郁的泥土氣息，可能是因為筆者幼年鄉村生活的薰習，造成對自然的深情之故。

在川端的作品中，似乎令人享受到泉水清淡無味之香，不施脂粉的自然之美，人與人之間的情誼，在恬淡的連綿中，浸潤到天空、大地、河流，以及宇宙間的一切。這好像是川端心中真正的美，真正的純樸，也是生命的原始根本。

川端的心，留連在返樸歸真的懷念之中，他的身體，卻生活在物質生活過度發達的社會中，川端夢寐難忘的純樸自然世界，越來越遠不可及，身與心在兩個不同的境界中，背道而馳。這種身心日漸分離的狀況，足以促使他急欲放棄大患之身。

這是川端的執著，過度的執著，執著於美，執著於自然，執著於一切的敏感，也執著於自己的執著……

這些正是看不見的繩子，把他自己牢牢的綑住，他的成名，也是另外一根無形的繩子，一切的一切，都變成了許多無形的繩子，川端的心，早已被自己五花大綁了。

如果川端對禪有所契悟，能夠打破心中的障礙，掙脫有形無形的枷鎖，從心的束縛中，把自己解脫出來，成為一個真正自由的人，在天地間逍遙，任憑生命在宇宙萬象的自然法則中優游，那時，川端也許會嚮往道家的「藉假修真」，寶貴他四大假合的軀體生命，尋找他在宇宙間不朽的本源。他可能會發覺，生命沒有什麼不可拋棄，也沒有什麼可拋棄；一切的一切，沒有什麼可留戀，也沒有什麼不可留戀；沒有什麼可愛，也沒有什麼不可愛。反正該做的便做，餓來吃飯，睏來睡眠就是了。

據說，從前的日本軍人，都要接受禪定的訓練，其目的是，使人在混亂的戰爭中，保持定力及清晰的頭腦。橫井是否受過禪定訓練，不得而知，但是那廿八年悠久孤獨的艱難歲月，若是沒有相當定力的人，是很難熬過的。

熱鬧的環境容易安身，忙碌的日子不難打發，惟獨孤寂是最可怕的事，一個人長期陷於孤獨的狀況，縱然僥倖不死，也必定會精神崩潰的。

但橫井的精神在那廿八年中並沒有崩潰，這點足以證明他確實有不平凡的定力，他處處在修養自己的身心，在求生之餘，能夠拿樹皮作西裝，利用自己的閒暇，把心念繫於一點，似乎就是禪宗修心法門之一。橫井的有條不紊的生活，一切妥為安排的作法，不正是禪門中定而生慧的表現嗎！

萬劫歸來，收到各界狂熱的歡迎，橫井卻處處表現著謙恭有禮，純樸自然。看到他在母親的墓前扶碑痛哭的一幕，無視圍覩的群眾，不顧電視鏡頭的干擾，只有真情的流露，使人難免一掬同情之淚。橫井要哭就哭，要笑就笑，似乎沒有文化知識及思想的繩索桎梏。

難怪禪宗講求不立文字，言下直指人心，原來是避免文字成為另外一條繩子，給學習者另加一種束縛。

照目前的世界潮流來說，一旦成名如橫井者，欲利用這種名義求財，法門之多，何止八萬四千，但是橫井卻要隱姓埋名，並且拒絕了各方的捐款，這不正是老子的「不敢為天下先」以及「功成而身退」的精神嗎？

橫井說：「橫井莊一大受禮遇，對於那些亡故的戰友來說，是不公平的。」

這句話聽起來簡單，但含義之深，可以驚天地、泣鬼神，一個人無功何敢受祿！一個人豈能站在戰友的白骨上，混充英雄！

那些可憐的戰友，都為國捐軀了，我橫井何德何能，在這裡接受榮譽！這真是罪過啊！橫井的心中，一定是在這樣想，各界對他愈是歡呼，他內心愈覺慚愧汗顏，這種知禮、知廉、謙虛的人，自孔子以來，似乎已日漸難見了。

橫井的行為思想，像是一個儒釋道的融合，他對學理方面可能並無研究，但他在行動上所表現出的忠、孝、誠、謙、恭，努力不懈，智慧冷靜，以及把握現實，充分顯露了他的人生運動員精神！

「君子自強不息」，橫井只有努力，絕不半途放棄，像是一個真正的大丈夫。可愛的橫井。

橫井返鄉後，曾因永無休止的干擾，而使他精神異常，這不是他的心魔，任何一個健康的人，長期不能休息，在人情關懷的折磨下，體力都會衰竭而致病的，熱情的人們快點忘記他吧！

在三島由紀夫自殺後，川端曾經表示過，他是贊成自然死亡的，也就是說在不亡以待盡的人生旅途中，他是等待死亡來臨的人，但是川端終於不能等待，他的長期自我束縛太疲倦了，但又找不到解脫，只好一死了之。

也許川端真正嚮往著禪，但是為道日損，他自身的枷鎖都無法掙破，生命的真諦，在川端來說，仍是一個謎，如果他進入了禪的大門，追尋生命的真諦，他是絕對不會自殺的，可憐的川端！

——《人文世界》二卷八期　民國六十一年八月

助人為快樂之本嗎

之一

他躺在床上，輾轉反側，唉聲嘆氣，不能入睡。

因為對面的趙先生借給他的錢，明天就到期了，但是要還的錢，毫無著落，真是一籌莫展。

他太太被他攪得睡不成，實在不耐煩了，一骨碌從床上爬起來說：

「你不要愁，我有辦法！」

說完就去打開窗戶，向對面喊道：

「喂！趙先生，我們欠你的錢還不起，決定不還了，你也不要指望了。」說罷就把窗戶一關，又對她丈夫說：

「現在該他愁了，你不必愁了，放心睡覺罷！」

對面的趙先生果然氣得睡不著了！好心幫忙他們，弄個如此結果，誰說助人為快樂之本？

之二

「這個傢伙太可惡了！」錢老師氣咻咻的說：「從前他沒辦法的時候，我費了九牛二虎之力，給他謀到這個位置，現在這一點小事託他，都不肯幫忙，真是氣死我也。」

之三

「哼！他之所以有今天，」孫先生說：「還是因為我的介紹，認識了某某人，是我替他鋪的路呢！」

孫先生看見自己幫忙過的人，今天飛黃騰達起來，似乎帶那麼一點心有末甘的酸味。

之四

「我真高興，」李先生洋洋自得的說：「幫了他們這個忙，雖然費了不少時間精神，但眼看他們一家都在國外團圓了，我花的精神值得，心中真替他們高興。」

看看前面這幾樁事，大家真要懷疑，助人是不是真的為快樂之本了。有時候，不助人倒也罷了，助了人，反而氣死人。

可是我們把這些助人者的心理，及出發點研究一下，倒發現他們個個都有點問題，他們的助人行為，個個都是有條件的。

第一段的趙先生，借錢給別人，如果純粹是債務，當然列入助人行為之外，如果自覺是幫忙朋友，仍屬有助人性質，但希望回報。

第二段的錢老師，由他發表的論調來看，屬於施恩望報，他的氣憤，是由於他幫助過的人，沒有回報他而起。

第三段的孫先生，所說的話屬於牢騷之談，下意識有助人望報及居功的心理。

第四段的李先生，表面上，他的話並不是牢騷，內心確也是替人高興，但他為什麼要說？是因為他忘不了自己助人的義舉，恐怕這件義舉他會一生牢記不忘。仔細推敲，骨子裡似亦有他日望報之嫌。至少，眼前來說，他是居功，多少也在希望著，聽的人會歌頌他的功德。

趙、錢、孫、李之輩，助人的行為不能說不好，但是卻招來了大大小小的不快與牢騷，原因是他們助人都有附帶條件，這個條件他們自己也許都不太知道，就是：望報。這個不大不小的附帶條件，把他們都拖入了「施」恩不忘的慘境了。

誰讓他們小時候不用功呢！把〈朱子治家格言〉背顛倒了，到現在，施恩未得報償，自然氣的氣，牢騷的牢騷，吹牛的吹牛了。

週末，到圓通寺去遊玩。

上山的路上，絡繹不絕，山路的兩邊，有幾個真真假假的跪地乞討者。

有一個遊人，看到路邊一個瞎子乞婆，立刻伸手到口袋中摸出了幾元，丟到她的鉢中。

「請問你叫什麼名字？」這個施捨者問乞婆。

「我叫林阿笑。」

「我的名字是黃武山。」施者說：「我是河南省商邱縣人，我剛才給了你三塊錢。」

「多謝先生啦！救命恩人，」乞婆一邊叩拜，千恩萬謝的說：「將來再報答你先生啦！」

兩三塊錢種下了這樣的善因，真是值回票價，老黃心中滿意，繼續上山而行。

天下真有此等事嗎？

這完全是筆者編造的笑話。

如果真有這一幕，那倒可以編入天方夜譚，掏幾塊錢給叫化子的人比比皆是，但是絕對不會有人通報自己的名姓，再問清乞兒的名姓。

為什麼？

無「望報」之心是也！

這些人，忽然看見一個可憐人，蓬頭垢面，或者殘廢，同情之心油然而生，不由自主的，伸手掏出錢來，丟到可憐人的碗中。

他們只是下意識的這樣作，是自然的反應，受惠者是何許人？無關！掏出了多少錢？無關！掏錢者是誰？無關！

一切過去後就過去了。

乞者，金錢，施者，都變成過去，永遠的過去。

這些人沒有「望報」的心。

也沒有「居功」的心。

他們是「施恩勿念」。

這是真正的助人，不折不扣的布施。

——《人文世界》一卷五期　民國六十年九月

離恨天漂流記

本文係為讀者茶餘飯後消遣而杜撰，如與任何人思想行為相近似，純屬巧合，絕非作者有意影射，特此聲明。

方小姐真是一個可人兒

長得漂亮，性情溫柔，有學問，有頭腦，又毫無傲慢的習氣，無論從哪個角度來看，她都是個十全十美的人。

如果硬要雞蛋裡挑骨頭，找她的毛病和缺點的話，那只好說，她太十全十美了，沒有男人配得過她，所以弄得個終身未嫁。

如果你以為她因而變得乖僻的話，那你就大錯而特錯了。

她最好的美德，正在這裡表現出來，她是一切隨遇而安的，只求奉獻自己，對家，對事業，對國家，對人類，都是奉獻，所以她活得很快樂。（說不定她是故意不結婚的哩！）

她作人的原則是：只能吃虧，絕不佔便宜，尤其注重這個絕不佔便宜的「絕」字。

在她執教的歲月中（曾任教小學、中學及大學），是一個極受愛戴的師長，常常幫助困難的學生。

總之，她的好處實在是太多了，說也說不盡。

不過，討厭的是，無論多麼好的人，也不能永遠活著不死；有一天，方小姐死了，她那一縷芳魂，就搖搖晃晃的向離恨天飄去。

閻羅殿前的發落

話說方小姐，在離恨天飄飄搖搖的，不知迷糊了多久，忽聽見有聲音說：

「方小姐，跟我們去罷！」

睜眼一看，原來是兩個閻羅殿前的差役，手上還拿著鈎魂牌哩！

方小姐知道沒有選擇的餘地，就隨這二位差役到了閻羅殿。

閻王老爺一抬頭，看見這位豔若桃李，冷若冰霜的方小姐，一時被她那清高的氣質所懾，差一點起身讓座。

「妳有什麼要求？」閻王老爺很客氣的問。

「我要升天。」方小姐毫不思索的說。

真是怪事，一般人都要到世界上，去享受榮華富貴，閻王老爺心中一面想，一面就要答應了。

這時，旁邊的地府執事，已捧來了一個記事本，那本子中記載得密密麻麻的，都是方小姐在世間的所作所為。

閻王老爺仔細看過了記事本，臉色凝重起來，又戴上了老花眼鏡，再翻閱了一陣，後來就冷冷的說：

「妳沒有資格！」

方小姐大吃一驚！什麼？我沒有資格？那麼誰有？

「妳一生的善行的確很多，」閻羅王慢悠悠的說；「但是妳的善行出發點是自私的，是為了自己死後升天才做的，這比一般的自私更加自私，因為別人都不知道妳內心的自私，還把妳當善人看待，這真是偽善。」

閻羅王一口氣說了一大篇，似乎有些激動起來，口角濺著白沫。

方小姐對於這種裁定不能同意，認為有失公允。

「善行就是善行，我的善行，並沒有傷害到任何人！」方小姐理直氣壯的說。

「好吧！領這位方小姐到愁城去看看。」閻羅王對旁邊的差役吩咐著。

愁城觀光

差役帶領了方小姐，來到愁城。

在這地府的愁城中，那些生前喜歡愁眉苦臉的悲觀人，死後多半都集中在這裡了。因為這些愁人，使人見了心生不快，也算是罪的一種，所以死後在地府愁城中受苦。

只見這些愁城的魂魄們，一個個都在唉聲嘆氣，愁容滿面，跟他們活著的時候差不多。

在這些愁人之中，忽然看見一個老奶奶，正在雙眉緊鎖，痛苦不堪的樣子。

方小姐不禁大叫了一聲：「王老奶奶！」

豈知，王老奶奶抬頭一看，見是方小姐，不但沒有高興起來，反而氣得把頭轉過去了。這時差役就領著方小姐返回閻羅殿。

「妳看見王老奶奶沒有？」閻王老爺說道：「這就是妳傷害的人，使她落入愁城受苦！」

「閻王爺明鑒，王老奶奶是我的鄰居，她對我好，我對她更好，她送我禮，我都加倍還的，請您千萬要查清楚呀！」方小姐覺得被人冤枉了，不禁著急起來。

「對！妳是加倍還她，所以傷了她。」閻羅王說道：「她喜歡妳，送妳吃，送妳穿，可是每次妳都要加倍奉還，妳要人家欠妳情，妳絕不能欠人家情！」

「這個老奶奶覺得妳似乎是拒絕她，不屑於接收她的愛意與禮物，所以心中常常掛著一絲憂愁，結果死後就落到愁城來受苦！」

閻羅王說到這裡，忽然把驚堂木一拍，大喝一聲道：

「非妳之過，是誰之過？」

方小姐被他這一拍，嚇得魂不守舍，但是，她那富於教養的冷淡心神，又馬上恢復了定力，定中生慧，方小姐忽然想到自己的父親，原是天主教徒，於是就說：

「按照天主教的規定，兒女應隨父母的宗教，我不應該在這裡受裁判，我要到上帝那裡，去接受上帝公正的裁判。」

「很好！很好！」閻羅王倒很大方，面上帶著微笑，一面說，一方面心中想道：在人世間吃開口飯的人，多半都是鋒牙利齒的難纏傢伙，現在能夠把這椿磨牙費舌的官司推出門，落得輕閒自在，說不定還可以偷空去打一會兒高爾夫球哩！

「差役們！送她到上帝那邊吧！」

上帝的審判

話說方小姐到了天堂的門口，只見大門緊閉，也看不到一個差役，心想這西方的生活方式，也沒有役人，甚覺不慣，也不知如何是好。等了很久，不見有人前來，只好在大門上敲了一敲。

「是誰在敲門？」問話聲音洪亮而沉重，一轉眼看見彼特及約翰二位先聖，已站在大門外頭了。

「我請求上帝給我公平的審判，准許我進入天堂。」

「好吧！你把自己一生所做的好事與善行，實實在在的敘述一遍，上帝自會給你一個公正的審判。」約翰說。

原來這裡的制度是自我表白吹噓一番！方小姐心中想：否則別人無從知道自己的優點！也好，這樣比較合理。

但是方小姐所受的含蓄教養，使她不知從哪裡吹起才好，便又說：

「我想向上帝當面說明！」

「上帝無所不在，妳說吧！他自會聽見。」彼特說。

既然上帝無所不在，那麼我在世間的一切，他老人家不是早就知道了嗎？何必再多說呢？

方小姐心中不免升起了疑雲，可是她立刻就找到了答案，一定是要印證一下，看自己是否會撒謊。唉！可憐的上帝啊！管的事真太多了。

方小姐忽然對上帝憐恤起來，那情景真是顛倒，就好像待決的犯人，反而去忙著同情法官了。

後來，方小姐還是期期艾艾的，把自己如何是好人，如何做好事，仔細的描述了一番，說到後來，連自己都被感動得落下了兩滴眼淚。

「不要哭泣了！孩子！」約翰說：「上帝不能准許妳進入天堂，因為妳太高傲了。」

「什麼？這絕對不是事實，我是非常謙虛的呀！」方小姐又被誤會了，急得差一點哭出來。

「最使上帝震怒的事，是妳在人世間常要執行上帝的職權，審判別人。」約翰又說。

「我可以發誓絕對沒有，我是最公正的人！」方小姐更加著急了。

「是的，妳自以為很公正，以妳有限的知識及能力，論斷他人的是非，其實，妳不過站在自己的立場上罷了！」彼特也發言了，好像有些不耐煩的樣子。

「再拿妳教書來說吧！繳錢多的妳收下了，繳錢少的妳退還給學生。」

「我是同情他們的貧苦呀！不收錢還是一樣教他們呀！這是我的好意呀！」

「不錯，是妳的好意，妳常在審判，誰是誰非，誰窮誰富，富人的錢可以收，窮人的錢不收，妳偏心富人！」

「不論錢多錢少，敬意是一樣的，妳使有些人白聽課不付代價，使他們因而變成有罪的人。」

方小姐迷惑了，這可能是西方的知識販賣理論吧；正在茫然的時候，忽然看見從前的同事董老師，也到了天堂的門口。

董老師和雞蛋

話說董老師到天堂的門口，只見大門自動開啟，董老師就揚長而入了。

方小姐看到了這一幕，不禁驚呆了。

原來董老師是鄉村中的教師，當方小姐也在那裡時，窮苦的孩子交來三元五元補習費，方小姐就退還給他們，仍准他們補習，可是董老師一概接受，最可笑的是，一個孩子繳不出錢，帶來幾個家中老母雞下的蛋，他也高高興興收下，煮成荷包蛋下肚了。

但是，天堂的大門居然為這種小兒科而開，真正豈有此理！

「董老師不拒絕別人付代價，他一視同仁。」彼特大約有些神通，知道方小姐心中在想些什麼，就直截了當的回答了她心中的疑問。

「我要親自向上帝請求！」方小姐心猶不甘，堅持要見上帝。

「誰都見不到上帝，我們轉達上帝的意旨，是上帝的代言人。」約翰說。

這簡直是個衙門嘛！方小姐心中想，進了衙門還可以給門房紅包，見到大人；現在到了這裡真是一點辦法都沒有，沒有想到活時見不到上帝，死後仍見不到。

好罷！既然上帝的架子那麼大，見了也無用處，不如到別處去想辦法吧！

孔夫子門前的對話

這時，方小姐忽然想到了孔夫子，這位至聖先師，一定是在天上，不如投奔他老人家，一定有個公平的安排。

「方教授，妳也是從事教化工作的人，」子路在門口對方小姐說。「不過，妳光想生天，而我們夫子卻是無欲的。」子路又說：「夫子他老人家是否在天上，連他自己也不管。」

碰了一個不大不小的軟釘子，方小姐實在喪氣到了極點。子路真是太迂了，方小姐心中想，不想升天難道還想下地獄不成嗎？

這時，子路又說話了：

「方教授，妳是一個能力很強的人，我衷心佩服妳。」

方小姐聽了，心中又亮起了光明。

「妳又很富於技巧，雖然言過其實，有誇大言辭的習慣，但是妳卻是為別人好而略施技巧的。」子路繼續說著：

「但是，言過其實與技巧，其本身仍是不實的，不論目的是為什麼，仍是機心的表現。

夫子是腳踏實地的人，妳看他老人家坦蕩蕩的心胸，如果是要用機心的話，在世時也不會那麼慘了。

所以說，妳與我們夫子是道不同的，妳待在這裡也一定不會習慣的。」

方小姐一時五內俱焚，想不到死後的麻煩與痛苦，比活著時還多。

濟公活佛來了

話說方小姐正在走投無路時，忽見空中一朵祥雲，上坐觀世音，後跟善財童子，向西方而去。

這時，方小姐忽然想到小的時候，外婆常說佛門廣大，觀世音有求必應，現在既無處可去，就奔到佛門裡去碰碰運氣吧！

在遠遠的地方，方小姐看到了一個巍峨的大殿，大門敞開，出出進進的佛呀，仙呀的很多。

這大概就是佛門的天堂了吧！方小姐心中想，既然大門開著，可能進出自由，我自己進去不就得了嗎！

方小姐在飽受打擊之餘，那股清高的氣燄早已熄滅，現在是小心翼翼的慢慢挨向前去，起初還怕有人攔阻，後來發現根本沒有人管，心中頗為高興。

原來這佛門中是各管各的啊！方小姐心中想，各自為政，一盤散沙，真是名不虛傳……方小姐心中一邊想一邊自顧向前走去。

奇怪的是，越往前走身體越重，等到走近大門不遠的地方時，自己的兩條腿，重如千斤，真是一點都抬不起來了。

休息一下再說吧！可能是今天太累了。

可是休息不但無用，人還會漸漸的後退，好像暗中有股吸力，把自己向後拖一樣。

這時的方小姐，只有望門興嘆了，那絕望悽慘的情形，剛巧被大門中走出來的濟顛和尚看見。

那濟顛，本是個有名的愛管閒事的傢伙，看見方小姐的情形，就跑過來說：

「小姐啊，妳何事煩惱啊？」

「我想到裡面去，請濟公您老幫個忙吧！」方小姐在電視上看過濟公的故事，一下子就認出濟公來了。

「小姐啊！妳想進這個大門呀！沒有任何人會阻擋妳，也沒有任何人可以揹妳進去，只有靠妳自己了。」濟公半真半假的說。

「可是我的腿走不動怎麼辦呢？」

「這是妳自身的業力，小姐呀，妳如果向後轉，腿就走得動了，妳現在的情形，就是自己思想行為的結果呀！」濟公仍是笑嘻嘻的說。

「我在世間做了許多好事啊！」方小姐無奈的說。

「一定動機有點問題吧！否則怎麼會這個樣子呢！」濟公還是那股子吊

而郎當的調調兒。

「請佛祖出來評判一下吧！你說的我實在不懂。」方小姐又想見佛門的大主宰了。

「這裡沒有任何佛可以審判人，人人都可以成佛，只要把自己內心的濁氣和障礙除掉，再見！有人等我去喝酒呢。」濟公說了就嘻嘻哈哈的走了。

太上老君的仙丹

話說方小姐瞪眼看著濟公遠去，心中好不快快，大概我內心的濁氣真是太重了吧……

到哪裡去呢？升天是不行了；門關著的，人家不讓進去，門開著的，自己又進不去。

這時，忽見不遠處的地方冒出火煙，連忙近前一看，原來是太上老君正在打開八卦爐，取他的仙丹呢。

「老師父，求你賞我一粒仙丹吧！來生犬馬相報。」方小姐現在真是客氣萬分了。

老君抬頭一看，呵呵大笑起來，說道：

「妳是一個靈魂呀！好像是一團帶電的氣體，怎麼能吃我的仙丹呢！」

「那麼你老人家又是什麼呢？」方小姐不覺奇怪起來。

「我是作人時修成的不死肉身呀！妳看，我身上像海綿一樣的輕軟，想飛到哪裡都行。」老君亮了一下自己的手臂，接著又說道：

「妳如果想學我的話，先投胎到人世去修煉吧！」

現在真是一籌莫展了，天地雖大，竟沒有我容身之處，後來，方小姐只好又回到閻羅王那裡去了。

再進閻羅殿

「閻王爺，隨你發落吧！」

方小姐是完全投降了，這次再進閻羅殿，垂頭喪氣，像雨淋過的老母雞一樣的窩囊，頭一次來時的那股玉潔冰清的味道，連影子都沒有了。

閻王爺抬頭一看，也大吃一驚。

唉！想不到短短一會兒的功夫，把個豔若桃李的方小姐，折磨成了一團敗絮殘柳……

「念妳總是做的善事，下世仍投胎作人，衣食無虞，享受不缺。又念妳前世巧言機心，誇大欠實，並非為己，來世給你一個機會修修口德。又查妳前世作女人自高自大，來世投胎轉男，嚐嚐作男人的滋味。」

閻王老爺說完，又把驚堂木一拍，大喝一聲說：

「拉下去！」

差役們七手八腳一推，方小姐就搖搖晃晃的下界投胎去了。

尾聲

張董事長的年輕太太，給他添了一個胖兒子，張董事長五十得子，真是高興萬分，家中一連慶祝了三天，賀客盈門。

這個胖娃娃一切都好，可惜是個啞巴。

——《人文世界》三卷一期　民國六十二年一月

老丁學佛了

有那麼一個人，姑且稱他為丁先生吧，因為丁字筆劃少，寫起來方便。

話說這位丁先生，大學畢業，雖然娶過三次太太，可惜沒有一個太太替他生下半個傳宗接代的兒子。俗話說得好，人到中年百事哀，別看丁兄日子過得蠻不錯的，但是每當夜深人靜時光，他那心中的一抹哀愁，卻無論如何也甩脫不掉。

有那麼一天，老丁偶爾聽到了什麼佛學講演，談到生命的無常，以及人生的未來和既往等等，引起了他極大的興趣，原來世界上還有如此美好的學問。

老丁就此便決心學佛了。

話說這學佛的社會中，自從多了一個老丁，那情形可就真不簡單了。凡是有講經的地方，必可遇見老丁，那些打七參禪的道場，更是少不了我們的丁兄。有人喊他為老丁，有人稱他為丁老，反正老丁也好，丁老也好，學佛也好，佛學也好，不出三年兩載的功夫，丁老兄已把各宗派的學問道理，背得滾瓜爛熟，就連那些繞口令的咒子，他都能朗朗上口，佛學的三藏十二部，在那些入門的學佛人心目中，老丁是都已精通了。

丁老對於學佛人的熱情，更像他對佛學一樣；在他的心目中，學佛的都是好人，至少是跟自己一樣好的，至於那些不學的人，就都成為可憐的愚昧凡夫俗婦了。

話說自從丁老學佛後，生活與思想真有一百八十度的轉變，首先是他的交往範圍，已經縮小到佛圈以內，那些學佛以外的人，差不多都不再來往了，除掉一小部分他仍有需用的人士之外。

其次是他談話的資料，幾乎是清一色與佛有關的話題。

再其次是他的行動，更是百分之九十九與佛學有關。所以說老丁雖是在家之身，事實上等於是出家了，只差沒有吃素和落髮而已。

說到我們丁兄的頭髮，也算一絕，他在十年前就開始染髮了，自從學佛以來，丁兄什麼事都放得下，惟有染髮一事卻放不下。問題的關鍵是，丁兄對於染髮又恨又煩，但頭髮不能不染，當他為染髮而苦惱時，也就抱怨起來：

「真是三千煩惱絲，早晚我就把它統統剪掉出家算了。」

早晚歸早晚，不是眼前，眼前依舊忍受著染髮之苦，證明老丁學佛之後的忍耐功夫確實進步不少。

再說我們丁兄的日常活動吧！他老兄逢人便談佛說道，廣結善緣，遇見不信佛的人，則極力勸人信佛，設法接引。（阿彌陀佛，功德無量！）

遇見信佛的人，則向人談經說典，外加某人修得如何，某人功夫又如何，什麼人又中了佛魔等等。他對佛學及學佛的熱忱，只有麻將一事可以相比；那些麻將迷們，如果一日不打麻將，至少也要說說麻將才能過癮，我們丁兄也像是染上了佛癮，一日不說與佛有關的事，就不能過癮，當然這應該算是個好癮。

「佛學的道理我現在都明白了，將來有時間按部就班的去做就行啦！」

丁老時常這樣的說著。

聽他的口氣就像是說：登陸月球的火箭製造原理我都知道了，將來要做時，做一個就行了。

嘿嘿，套一句北京油子的話，「蛤蟆打哈欠，好大的口氣！」

當然啦！口氣大是因為魄力大，胸襟大，學佛既是大丈夫事，沒有胸襟和魄力還行嗎？所以老丁絕對是上根利器，毫無疑問。

既然學佛的路上，還有實證的功夫，丁兄承認尚待將來努力，那麼截至目前為止，他也只能算個半佛而已。不要小看半佛，許多人一輩子都弄不到手呢！

憑良心說，老丁實在是努力萬分的，如果硬要說他沒有修行實證，那是很不公平的。老丁隨時隨地都注重功夫，套一句《金剛經》上的現成話：「如來善護念諸菩薩」，老丁頗知道護念三昧。

說到護念，不免令人想起丁兄平時那股子安靜凝睇的神采；人味兒已經沒有了，一身佛氣十足，完全是一副修行的模樣，看他那股神氣，就算是阿難再世，恐怕也比不上分毫呢！

偏偏三千大千世界無奇不有，就有那麼一個後生晚輩，幼稚之極，似乎不把丁老放在眼裡，有一次對丁老師的吩咐置之不理，惹得丁老大怒，拍案痛訓了這位後生一頓，如果那天讀者中有人在場的話，大概都還記得丁老兩眼發直，口水四飛的驚心動魄的一幕。

說老丁了不起絕非虛言，他發了一頓脾氣後，馬上恢復了護念，這豈是凡夫所能做到的？

不過，後來他越想越氣，終於還是找到校長，把這個後生再責罵了一頓，記了一過，才平復了丁老胸中之氣憤，他的護念功夫就又連續下去了。

「丁老，學佛人一切慈悲為主，你就可憐那小子愚蠢，不就少動肝火了嗎？」不知哪一個老實傢伙，對老丁說了這麼一句勸解的話。

「哼，慈悲也要看人，像他（指那後生）這種人，天生的犯賤，罵他一頓他就乖乖的，這種人要罵他才算對他慈悲，使他改過自新。」

這是上師的口吻，無話可駁。

老丁閱人多矣，他常常誇口最懂人的心理，最會應付人，想必都是真實不虛。

如果大家以為老丁沒有大慈大悲之心，那可就大錯而特錯了，我們老丁對人的慈悲心腸，誰也比不上。

老丁時常慈悲心發，對佛友們來個法布施，諄諄勸誘佛友們注意一切「放下」。將人世間的一切放下，是學佛的起步，好的開始是成功的一半，如果能夠放下，也就把明心見性的路走過一半了。

至於老丁本人，確實能夠放下，他常常說，一切都看開了，沒有兒女有啥關係，因為自己前生沒有欠債，所以沒有討債鬼投胎作兒女。

老丁雙親早逝，除了現任的太太外，其他別無親人，但不久前這位太太卻下堂求去。

在定力頗佳，一切放下的老丁來說，大家以為他一定會使太太如願以償。但事實不然，老丁抵死不從，不肯離婚。

「你那麼放得下的人，為什麼這件事放不下呀？」一位佛友問老丁。

「不是我放不下，是因為我自覺對她虧欠，我對她的債還沒有還完，所以才不願離婚。」

這是多麼的慈悲和自我犧牲！

但是有人說，老丁的職務是不能沒有岳家支持的，所以對於他不肯離婚的真正原因有所懷疑。又有人批評他，連一個老婆都放不下，自己分明放不下卻不自知。

總之，學佛人也是人，有人就有事，有事就有是非，你一言我一語，說長道短的多，去做工夫的少，這且不在話下，只說丁老究竟放下放不下的問題，有位佛友一鳴驚人，道出了他對丁老觀察的結論：

「老丁絕對放得下，如果說他放不下，是因為沒有看清丁老本性的原故。」這位佛友接著又說：「只看他上次對那後生叫罵的一幕，足可證明他是絕對的一切放下。」

大家都聚精會神的聆聽著。

「當他叫罵的時候，他在人世間的身分地位都拋棄了，他的教養臉面也不要了，完全變成了另外一個人，在那個時候，可以說絕對是他自性的顯露，如果不是真正的放下，怎麼能夠使別人看到他的本性呢？」

大家聽到這位佛友出人意料的高論，個個面面相覷，一時也想不出其他的意見，只好各自散去，有些人則去打坐，繼續去參「丁老究竟放不放得下」的話頭。

現在再來談談我們的丁兄吧！自從學佛以來，變得是非分明，嫉惡如仇。

老丁學的是禪宗，講求的是定慧雙修，老丁自覺在定中發生了莫大的智慧，對一切事的處理，都比以前聰明了，對一切人也更認識清楚了。

「想起來從前，我真是太笨了。」他嘆息的說。

「一個人能感覺到昔日之笨，證明他已能感覺到今日的聰明智慧。」

「學佛真是好，」老丁接著又說：「我現在把人都認清了。」

「學佛是要認清自己呢？還是認清別人？」有一個年輕人很嚴肅的請教老丁。

「智慧使我們認清自己，又認清別人。」丁老冷靜的回答著。

那年輕人不斷的點著頭，心中吹起了一縷敬慕的漣漪。

「就拿認清這兩個字來說吧，我認識你比你認識我清楚。」

那個年輕人聽了丁老這句話，不禁一愣，連忙說：

「可是我卻覺得，我認識你比你認識我清楚！」

「你的看法不客觀，還是我認識你比你認識我清楚。」丁老決斷的說。

「你的看法是客觀呢？還是主觀？」那年輕人不免有些糊塗起來，忍不住反問著丁老。

「我的看法是客觀看法，你的看法是主觀看法。」丁老耐心的解釋著。

主觀和客觀，你的和我的，把那年輕人搞得更糊塗了，不知如何是好。

「我的年紀比你大，看法客觀，你們年輕人的看法多流於主觀，」丁老又進一步的解釋，緊跟著，又補充了一句：「我說的沒錯！」

這位年輕人立刻墜入五里霧中，主觀和客觀，年輕年長與主觀客觀的關係，心中疑團紛紛，一時亂成一堆，沒有頭緒，當然也就無話可說，變成了沉默是金。

後來，聽說那年輕人放棄學佛，回頭去學邏輯學了。

「這些年輕人，糊里糊塗，沒有常性。」丁老嘆息著，心中頗為惋惜。

聽說學佛第一要事是發心，發心就是發願，包括的項目很多，其中除了發心成佛比較困難外（困難的是長久的修持，努力精進），其他如發心印經啦，發心修廟啦，發心行善啦，發心完成某一樁對佛界有利的事啦，等等之類都是發心。

發心容易，去完成這個誓願就不簡單，我們的丁老早已發心成佛了，但是他深知成佛困難，要多劫修持，何在乎此生呢！這輩子多結緣，多做功德，下輩子再修不遲，反正這輩子成不了佛。

有人說，憑他這句話就可證明，他什麼心也沒有發。

不過，丁老真在做功德，到處結緣，送經，慷慨捐輸。因為他自己慷慨，所以也常勸導他人樂善好施，麻煩的是，世界上的人並不是個個像他那樣的沒有家累，再加上有些人即使樂善好施，也不一定會讓他知道，結果他常常搖頭嘆氣，大有「學佛人差勁的多，連錢都捨不得」的味道。

最近突然很少見到老丁了，原來他發心修廟，這是一個不小的心願，不過老丁身無分文，只能出力，所以他正忙於施展出他的交際手腕和應付人的本事，如果真能咕啾成功，我們丁兄的功德可就太大啦，阿彌陀佛！善哉！

丁老既到世界上應酬去了，這學佛的圈圈中，似乎有點寂靜下來。

「唉！緣盡則散！」一位佛友感喟的說。

可是！寂靜不到三天，這班學佛的人又為別的事情熱鬧起來了。

原來長江後浪推前浪，又有新人學佛了。

——《人文世界》四卷一期　民國六十三年一月

貝弟和我

欲問前生事　今生受者是
欲問來生事　今生作者是

我發現家中的小狗貝弟，是去世的表妹投胎轉生。

我又發現，許多的狗，都是人死後轉世的，而許多的人，卻是狗死後投胎的。

我說這話並不是罵人，或者對狗有任何不友誼的傾向，而是有根據與證明的。

老實說，我覺得作一條現代的狗，真比作人容易又快樂得多。

我為了人與狗的問題，在研究觀察的過程中，發展了一種能力，不但可以判斷哪個人是狗轉世，並且可以知道哪個人死後會變狗。

土狗　狼狗　貝弟

事實上，我一生只有三次養狗的經驗。第一次，是幼年老家農莊上的幾條狗，說起來，牠們只能算是家族狗。

第二次，是民國卅六年，在南京家中所養的一條狼狗。

第三次，就是現在的貝弟，一條有狐狸狗血統的小白狗，也就是我認為是表妹投胎的這條。

在我小的時候，農村中家家養狗，狗會看家，會看莊稼，吃的是大家庭中的剩菜餘飯，花費不多，幫忙很大，故而農村家庭中，狗成為不可或缺的份子。

那時，狗在家庭中地位不高，更沒有什麼名字，黑狗就叫牠老黑，黃狗就呼之為老黃。人是人，狗是狗，狗有牠們自己活動的範圍，不准許進屋子，如果夏日傍晚，家人在院中納涼時，狗都要走開迴避。一言以蔽之，人狗絕不混雜，反正人作人的事，狗作狗的事，各司其職，相處平靜而正常。

民國卅六年，家住南京廣州街底的五臺山上，因為山坡上只有三、四戶人家，而我們的院子又非常之大，所以養了一條狼狗看家，牠的名字就叫「狼」。

當時，我在鼓樓附近的大學唸書，每天放學回家時，狼都在門口等待歡迎，現出高興鼓舞的神態，但狼彬彬有禮，進退適度得體。

民國卅七年冬，我們先搭機來台，把狼留給看房子的人照管，後來獲悉，狼每日在門口等待，拒絕飲食，終至於死。

狼的死，給我的打擊很大，立誓絕不再養狗，以免感情的負擔。在狼以前，我一直認為，靈犬萊西等的忠義行為，只不過是故事而已，現在真事發生在自己狗的身上，實在難以忍受，故而在台廿多年，不願養狗，直到最近，特殊的機緣，才收養了貝弟。

六族共和

提起來收養貝弟，本是想證明給自己，對於人與狗的觀察結論，到底有多少準確性。

至於我對人與狗的觀察研究動機，卻要追溯到頗久以前的一件事。

那天，我去拜訪一對結識不久的新朋友夫婦；這對夫婦有學問，有修養，外加幽默風趣，深得我的敬仰，所以一旦結識，頗覺相見恨晚，立刻成了好朋友。

這日我去拜訪時，男主人外出了，女主人熱忱歡迎。進內剛剛坐下，從裡面跑出來他們的愛犬，這條深棕色、中等身材的半洋狗，跳上沙發，就坐在我的旁邊。

這時，女主人坐在對面的沙發上，俗話說得好，愛你的朋友，也要愛你朋友的孩子和狗，我基於這個原則，對於與狗並肩同坐，自然不敢表現任何的不滿。相反的，我倒想起了五族共和應加修訂，改為漢滿蒙回藏狗的六族共和，才可適應潮流……。

當我正在胡思亂想的時候，那條狗卻跑到對面沙發上坐下，又在沙發上跳來跳去，對女主人來說，一定是活潑可愛之至。

偏偏我那鼻子很不爭氣，大約是對狗毛過敏吧！一陣發癢，就打了一個大噴嚏。當時我的形狀頗為狼狽，連忙拿手帕去擦鼻子，等到我把手帕從鼻子上拿下來時，卻看見上面有一條深黃色的毛，與狗的顏色一樣。

這時我正低著頭，忽然看見，在我坐的淺棕色沙發上，也有幾條深黃色的毛。

「你受涼了吧！天氣變化無常，要小心身體呀！」女主人很親切的說，聲音充滿了關懷。

「快趁熱喝咖啡吧！」女主人一邊讓客，一邊自己端起了咖啡。她一手端盤子，一手拿起杯子啜了一口，姿態十分雅緻美妙。

我也端起了盤子，正舉杯要喝時，看見杯子的邊緣上，赫然也粘著一條黃毛。

養子不教誰之過

自從那次奇妙訪友之後，我就開始注意都市人們養狗的動機和心理，因而養成了一種習慣，每逢看到人牽狗而過，就不免將狗主人細心打量一番。經過一段時間的參究，結果有了驚人的發現，那就是，我們是生活在一個人與狗輪迴的奇怪世界中。

起先，因為風濕膝痛而學打太極拳，但因我的急驚風脾氣，把慢郎中的太極拳，打成猴拳而失掉作用，後來就改為出操式的散步。這種出操散步，只有在夜晚的巷子中進行，以免被人看見，誤認為精神病。

一天夜晚，我正在巷子中散步，看見一位胖太太牽狗出遊。她牽著一條雄偉的大狼狗，一邊走一邊吹著細細的口哨，好似奶媽把孩子尿一般。那條狗東聞聞，西嗅嗅，結果在一家亮著門燈的門口撒了一泡尿，接著又在大門正中的洋灰地上，拉了一攤屎。

那位胖太太，於是面現微笑，好像她自己的大便乾結，已經暢通了一般的輕快，拍拍狗兒子的肩頭，就一塊兒走了。

那時我恍然大悟：

這條狗公然在人家門口大便，當然是狗的習性。可是狗大便後，胖太太那麼舒泰，證明她一定有這種方式大便的經驗，前生必定是狗。

那條狗，既然東找西聞，證明是可教也。可教而不教，一定是胖太太前生狗習氣未脫，認為在別人門口大便是理之當然。

那時我甚至相信，這位胖太太可能仍愛出野恭。

紐約第五街的事件

大概腦子中的狗事太多了，有一天夜裡做了一個夢。在睡夢中，我與一位女士，在紐約的第五街同行；那時我聞到滿街的狗屎味，混合著女士們身上散發出的香水氣，不由得打了一個噴嚏。

「可憐的吉利，你是怎麼啦？」我身邊的女士回頭對我說。我聽見她的聲音，發覺就是我的老友胡某，自從合夥生意被他吃掉後，遠走高飛，迄無下文，怎麼現在變成一個美國女人了？一定是怕我追帳，到丹麥動了變性手術……。

「老胡，冤有頭債有主……」我剛說了半句，就發現我的話都是汪汪的叫聲，不由得大吃一驚，趕緊低頭把自己一看，原來自己是一條洋狗。

我那時真是痛不欲生，恨不得一頭撞死在電線桿上。幸虧女老胡百般勸阻，又領我到狗餐館吃點心。

我心中煩惱萬分，不知做了什麼惡事，弄得這般下場，可能是我對老胡的怨恨難消吧，外加我們都會說幾句洋話，結果死後追蹤至此，變成這種慘狀……這時餐館的狗客人與牠們的主人都正要出發，去向林賽市長請願示威，反對禁止狗在街上大便。我堅持不去，女老胡只得作罷，就帶我到律師事務所，安排遺囑，把她的財產九十二萬美元，統統贈給了我。我說：

「老胡啊！你這個混蛋！上輩子騙了我的錢，這輩子你加千百倍還有什麼用……」女老胡看我汪汪的大叫，就很心疼的樣子，又拍我、又抱我、又親我，恨得我牙發癢，忍不住用力向她的喉管咬去，一下子就把她咬死了，我也嚇了一身冷汗，大叫一聲驚醒，原來是南柯一夢。

天道 人道 狗道

一場狗夢給我的恐怖真是不少，豈知，醒後的驚恐更甚於夢中，我不斷的反問自己，為什麼會作這樣一個夢呢！這就要說到貝弟了。

貝弟是小女兒的寵物，在牠小的時候，與小女兒一塊嬉戲，可是每當我一出現，貝弟就一往情深的看著我；當我們出外散步時，小女兒牽著牠在前面跑，我在後面跟，但是跑了幾步以後，貝弟就會停下來，回頭看著我，看我是否跟上來了，就這樣幾步一回頭，完全像是表妹小時候對我的樣子。

表妹與我從小相近，她對我依賴，但她有許多地方頑劣，我常常會責備她。現在貝弟對我注視的神色，就像表妹的神色，又好像是說：後悔不聽你的話，現在變成了畜生！

自從發現貝弟是表妹投胎，我就常常對牠訓戒，我在後院堆了沙子，教牠在那兒大便，牠立刻就學會了。我不斷的對牠說：

貝弟啊！你要作一條好狗，努力向上，講求公德，好自為之，將來死後再轉世為人，脫離畜道。

貝弟啊！你看太陽從來沒有懈怠，天地從來沒有偷懶，我們作人的也辛勤努力，為家、為國、為人類，你也要効法天地、人類，不可以成為廢物。

貝弟啊！天有天道，人有人道，狗有狗道，你要認清你的價值啊！你看那些警犬，擔任牠們偉大的職責；那些牧羊犬，幫助牧羊人工作；北極的狗，像馬一樣的拉車；你現在是一隻看家狗，你一定要努力遵循狗道。

貝弟啊！千萬不要把自己墮落到玩物的境界，你要知道你現在是一條狗，你要在狗應該在的地方，不要進屋子，要保持你對人的禮貌和分寸，記住遵守你的狗道啊！……

貝弟啊！……

真心話

哪個人是狗投胎，哪條狗是人轉世，我實在毫不介意，我所怕的，也不過是自己來生變狗罷咧！

——《人文世界》二卷十一期　民國六十一年十一月

落葉片片

秋風落葉亂為堆
掃盡還來千百回
一笑罷休閒處坐
任他著地自成灰

——南懷瑾先生詩

昨夜，又夢見了紅葉，還是那片紅葉。

那時，我倆在樹下對弈，夕陽西下的林中，但聽鳥兒在唱，林邊溪水潺潺作聲。

突然，一片紅葉飄落在妳的髮上，那紅裡透橘的一片紅葉，恰恰停留在妳的髮夾上，

如雲的烏髮披肩，佩上了這片橘紅色的紅葉，潔白的臉龐透紅，
啊！青春朝氣正散發蕩漾在林中！
一大片橘紅色的衣裳，穿著在妳的身上，好美妙的裝扮！多詩意的情境！

我在睡夢中甜蜜的笑了，心中洋溢著葡萄酒的醇香。
我默默的注視著那片紅葉，
看著它，為裝扮你而發出的驕矜光芒。

又一片紅葉落下，停在我們的棋盤上，
再有一片落下，卻粘在妳的胸襟上。
三片，四片，五片，六片……
我急忙去撿，
為的是，保持那原來的詩情畫意，和愉悅的芳香。

我匆匆的拾來撿去，累得渾身大汗，
不停的落葉，仍然紛紛亂亂，我又叫，又喊，
努力奮戰……

可愛的紅葉啊！
可恨的紅葉啊！
我愛的是哪一片？恨的又是哪一片？
愛它的是誰啊？
恨它的又有什麼相干？

我在混亂中醒來，弄不清自己是誰，誰又是夢中的癡癲。

秋去冬來，月落太陽又出山，
天涯海角，我常獨坐樹下，看落葉片片。

然後，我又起身掃去，
我時時在掃，不停的在除，
我不斷的在掃除。

今朝夢醒，我又步入林中。
正是秋高氣爽，萬里晴空，
一陣風吹，仍是落葉繽紛。
我忽然丟掉了手中的掃帚，
本來嘛！
哪一片是有意？哪一片算無情？
這時萬里無雲，海闊天空，
我悠然樹下獨坐，
任憑那落葉飛舞飄零……。

——《人文世界》二卷十期　民國六十一年十月

海灘上的腳印

時間——夏日的黃昏
地點——太平洋的海灘
人物——妳和我

這靜靜的海邊沙灘，遠離塵囂，超越人群，沒有大飯店的霓虹燈光，只有寥落的星辰，和偶爾海鷗的飛翔。
赤腳走著，沙灘上留下了妳的腳印，我的腳印，我們的腳印。
海水沖上來了，浸潤了我們的腳，融合了我們的腳印。
這是我們的海灘。
有時，我們來拋鈎垂釣。
有時，我們走著談著，吵著笑著。

有時，我們躺在這連接大海的沙灘上，呼吸著傍晚藍色的空氣，睡夢醒來，月光正灑遍沙灘。

有時，我們奔跑，呼喊；妳和我，只是長空中兩片飄散的白雲，悠遊著，無拘無束。

似乎，妳是我生命的一部，與生俱來的，存在於我的生命之中……

但是，我卻從不知道妳是一個異性，一個真正的異性；直到今夜，妳說：

「我要走了，離開這個島！」

驟然的震驚，我的心在胸膛中停止了跳動。

我怔怔的望著妳，

妳的兩眼水亮，像無波的碧海，澄清見底。

在妳的眼中，我看見了驚恐的自己，在我的眼中，正瀰漫著妳！

我忽的在游著，在溫暖的碧海中游著……

我的身體充滿了海洋，瞬息又縮成一顆沙粒，急速的下降……

妳忽然回頭奔向海灘，拚命的跑著！

我從夢游中驚醒，立刻急急的追趕。

我奮力在追，我的心不再跳，它已離我而去，我要趕快抓住它，重新把它放回我的胸膛。

滿天星斗，海浪在溫柔的沖拂。

我聽見妳在沙灘上奔跑的聲音，聽見妳的哽咽，隱隱看見妳的長髮飄盪……

啊！我是多麼的痛楚！

我喘著氣，流著汗，滾倒在沙灘上，用力抓住了妳。

「啊！愛情來自友情……」是海鷗在天空中歌唱。

剎那間，我的胸膛中，有兩顆心在跳盪。

大地吹起了狂風，天空爆出了巨雷，風在怒吼，舞弄著山河，鼓盪了太空；雷在狂嘯，響徹雲霄，震驚了日月，風雷在翻滾搏鬥，天地交戰！

白浪滔天，萬馬奔騰，馳騁沙灘……

大地被搖撼了，宇宙在震顫……

「啊！愛情來自友情……」海鷗又在天空中唱著。

何時，天上又掛起了那一輪明月！

皎潔的光，照澈了平靜的海洋，灑遍了這溫暖的地方。

海水輕輕的步上沙灘，天地在默默的運轉。

從哪裡開始是海？

自何處結束是灘？

風息了，雷也不見。

那兩片飄盪的白雲，不知何時，已消失於無盡的太虛之間……

——《人文世界》二卷九期　民國六十一年九月

斗室之夜

你坐一張椅子，我坐一張沙發，這屋子裡卻什麼都再也容不下。
左邊是書，右邊是書架，前面是你，後面除了書更沒有其他。
怎麼？坐下來凸凸凹凹！
伸手一摸，又是大書一本，哈哈！

我們對坐在小小的斗室中，抽烟，喝茶。
花生散亂在書上，瓜子、梨子也堆在一旁。
多麼的緊湊，多麼的充滿，像一顆沙子，中間無物可以再被裝納。

陣陣的秋風，吹響了窗外的樹葉。
縷縷的輕烟，飄向窗外的黑夜。

微微激動的，是電壺中的水聲，在伴奏著我們談西說東。

哪一首是激起心靈震盪的詩？

我卻愛，你牆上那幅莫名其妙的畫。

張三的文章真不敢領教，是大家胡鬧，還是你我顛倒？

司馬遷呀！前無古人，後無來者，那史詩，那史詩，那史詩……一種氣氛，一種情調……。

項羽青年英雄，戰憑才氣，過剛則折；霍去病、衛將軍，戰匈奴全憑運氣；李廣之敗，才氣不能發揮而抑鬱；孔子之敗，但卻屹然而立……。

畢卡索的行為真妙，與友人妻一度春風，光明坦誠，你看是不是觀念問題！

最使我心神盪漾的是，海明威腦海中，老人夢見幼獅的情景。

愛情嗎？管它呢！反正有那麼一天遇到那麼一個人，只想常聚，不願分離，就算。

那也許是「方便」！水火相融時仍渴望著的才算。

啊！昨夜我失眠了，因為罩了一頂蚊帳，覺得受束縛，像一條繩子把我綑住。

學學禪的解脫吧！一切都是自己心靈的問題，除了你自己，誰能把你綑住！

我自己是誰？誰又是你？我們不是分秒在變嗎？你我自己在哪裡？

追尋啊！懂了就是解脫，悟了就是佛陀。

是天地停住了嗎？

也許是，我們趕上了天地的節拍！

書何嘗障礙了視野，牆也沒有阻擋著什麼。

一顆沙子已擴展到無外的太空，太空也正在一顆沙粒之中。

寒山寺的鐘聲響了，噹！噹！噹！……把我從銀河驚醒。

啊！原來是大廳的掛鐘！

——《人文世界》三卷二期　民國六十二年二月

女兒的頭髮

回家還未進屋，就聽到裡面七嘴八舌，說成一片。走進玄關，嘿！一大堆歪歪扭扭的鞋子，心想這裡面的人，大概足夠組成一支球隊。

「規定短髮齊耳，真是毫無道理！」是小女兒的聲音，在抱怨著說。啊！原來是女學生的頭髮！提起來就有氣，懶得去理她們。

「我倒覺得蠻有道理，校方不得不如此。」一個男生說。

這個人是誰？心中在問著，真有見地，到底青年中也有老成持重的。一邊順勢坐了下來，卻聽他又說：

「學生們那麼多，思想個個不同，聰明智慧也不一樣，管教起來真太麻煩了，所以管他合理不合理，頭髮劃一，至少容易管，管起來方便。也就是說，所謂短髮齊耳者，其出發點是以校方省事方便為原則，並非以合理，或最佳教育方式為準繩。」

好小子！居然罵我們辦教育的偷懶，存心圖省事，太荒謬了！真想立刻進去中斥他一頓。

「我認為長頭髮像嬉皮，又髒，又躭誤時間，就是學校准許，我也不會留長髮的。」一個女孩說。

多乖的孩子呀！一定是祖上積了陰功，才會生下這樣純良的下一代，如果個個人像她，豈不是天下太平了嗎？偏偏跑出來幾個調皮搗蛋的女學生，上書什麼部長，說什麼短髮齊耳不合理，真是張飛的媽，「吳氏生飛」……

「小姐，請你不要離題，」另一個男生的聲音，「反對短髮齊耳，與贊成蓄髮是兩回事。」

這個傢伙，還頗有點邏輯的頭腦，真是後生可畏！

「這些人也是無聊，不去用功，光在頭髮上動腦筋，你們看吧，一定是些功課差勁的學生，以為長頭髮美，其實一點也不美。」

這個人簡直是我的知音嘛！如果照我的積極辦法，反對短髮的學生，一律開除，以正風氣。現在的青年太不成話了，如果再不從嚴的話，後果真是不堪想像，一切從嚴是大人的責任，我們不能推卸責任，年輕人糊塗……。

「功課好不好，與反對短髮齊耳毫無關係，請你不要遷怒。」聽起來又是那個懂邏輯的傢伙。

「你覺得短髮好看，沒有人限制你不可以剪短髮，可是覺得短髮不好看的人，卻不能不剪短髮。」

「最奇怪的是，學校規定短髮齊耳的原因之一，是因為短髮好看，又可以不變嬉皮。」

「如此說來，只要全國的女性都短髮齊耳，男性都剃光頭或小平頭，就可以路不拾遺，夜不閉戶，太保太妹絕跡了？」

「果真如此，頭髮可以決定善惡，我倒也贊成全國一律執行劃一，先剃爸爸的頭髮。」小女兒又說。

混蛋！簡直沒有家法，妳要老子剃光頭，成什麼體統？台灣太陽那麼大，曬也曬昏了，老子會因為留了頭髮而變成嬉皮嗎？簡直胡說八道之至，氣死我也！

「那妳爸爸一定反對，」是太太的聲音。

哼！原來她也在裡頭起哄，……

「妳爸爸的頭髮，自從四十多歲起，梳了這個當時流行的樣子，至今十幾年沒有改變過，他的衣服樣子，也從那時定了型，倒也省不少事。」太太還邊說邊笑。

這時我心中的氣卻不打一處來，太太好像有意挖苦，說我一切停留在十幾年前，笑話！像我這種隨時代進步的人，對一切新東西都能接受，絕不像一般老頑固，對新事物、新觀念，無理由的加以拒斥，本人是絕對客觀、絕對沒有成見，更了解年輕一代的想法。

但是話又說回來啦，沒有道理的事本人絕不贊成，像什麼新潮電影，連個劇情都弄不清，還算什麼電影？現在的跳舞哪裡算是跳舞，簡直是發酒瘋。什麼流行歌、熱門歌，歌還有冷熱嗎？簡直像狗叫，有的更是貓叫春一樣。現在的服裝，更是四不像，男女不分，唉！世風日下……回想自己在北平上大學的時候，聖誕節與表哥表姐們，一塊去六國飯店跳舞的情景，那種端莊上流的文雅氣氛……狐步、華爾滋、探戈……哼，現在的年輕人，連見都沒有見過，還吹什麼牛，說我不懂！我那時是時代的佼佼者，誰不知道？連父親都說我太新時代了，他老人家都不懂。……

「爸爸一來就說，他自己年輕時候如何如何，但我們是生在現在啊！並不是他年輕時的時代。」小女兒又在發表謬論了：「爸爸小時候提倡女子放足、剪髮，現在怎麼樣都忘不了那個髮型啦！」

「爸爸不是常說，在他年輕時祖父不肯去瞭解他嗎？爸爸現在又何嘗肯瞭解我們！」大女兒的聲音。

好呀！原來妳們都把老子看成老頑固，天天教妳們孝道，都教到陰溝裡去啦，難道不知天下無不是的父母嗎？

「這就是年紀大的人可憐之處了，」太太接著說：「自己『固執』但並非『擇善』而不自知。」

聽太太的語氣，好像她也是我的下一代了！哼！難道妳不固執嗎？我看妳比我還固執，永遠梳那個巴巴頭，像個老太婆，現在人家流行什麼髮型都不知道……

「我明天也剪成齊耳短髮，」太太忽然說。

這一下子使我大吃一驚，那成什麼樣子，成什麼體統！

「看你爸爸怎麼說。」一陣哄堂大笑。

「你瘋了嗎？」我衝進去說：「小孩子是學校硬性規定，沒有辦法，你剪成那個髮型，不變成醜八怪了嗎？」

「爸爸也承認短髮齊耳的規定要不得了！」大女兒拍手笑起來。

這時小女兒跑進房間，戴上了大姊的長假髮，出來喊著：

「爸爸，我變成嬉皮了，」說完又拿下來假髮：「我現在又改邪歸正了，我變的好快呀！」

一時無話可說，只有苦笑，心中卻在懷念那以往的美好與新奇，眼前的一切，好像是另外的世界，變得走了眼，想到此，不由得一陣發冷。

怎麼？我真的停留在上一代麼？

——《人文世界》二卷五期 民國六十一年五月

一封急信——給在美國留學的女兒

「你們學校是男生多還是女生多？」十一歲的小女兒，在問爽文的女兒。爽文是我大學的同學，這天帶著她的女兒來玩。

「女生多。」爽文的女兒回答著，她是大學一年級的學生。

「我們學校也是女生多。」小女兒說，「我們家裡也是女生多。」

「我們家裡也是女生多。」爽文的女兒說。

「女生好棒啊！」小女兒得意的說：「我們學校功課好的都是女生，男生好糟糕啊，你們學校呢？」

「我們班上也是女生棒，男生不如我們。」爽文的女兒說。

我忽然出了一身冷汗！

怎麼？曾幾何時，世界上忽然充滿了呱呱叫的女人，到處都是能幹拔尖兒的女人，智慧高的女人，但是到處也都是找不到丈夫的女人，唉呀！不妙！

小學女生多，中學女生多，大學女生多，留學女生多。受好教育的女生越來越多，世界上的人口，也是女的比男的多。各行業都有女人參加了，世界上的女總理已有好幾個，美國也開始有女性參加競選總統，早晚世界上的大多數位置，都會被女人佔據，女人真了不起呀！自從女權運動開始以來，不過才半個世紀……

想到這裡，可出了一身熱汗。

抬頭再看看美麗可愛又聰明的小女兒，萬一將來唸到博士，學問壓倒眾生，而仍小姑獨處，滿臉都是孤傲的愁容……

那將如何是好？

太悲慘了，我豈能任她由驕驕的等，到癡癡的等，再苦苦的等，終生怪的等，等那神話中虛妄的白馬王子呢？

反正「等」總不是辦法呀！

「現在的情況與我們上學時完全不同了。」爽文忽然說，好像已經猜到了我的心思。

「是啊！」我一邊回答，一邊又回想到自己的大學時代。那時女生都是天之驕子，男生有七八倍之多，除掉已婚的半數不算，再除掉不可愛的一倍不算，至少還有二三倍優秀的男生，可以使自己拿不定主意，不知道選哪一個好。學校外面的許多機會還不在內。

儘管如此，那時對女生的說法仍是：

一年級——奇貨可居

二年級——待價而沽

三年級——平價出讓

四年級——廉價拍賣

「聽說現在的四年級女生，外號是胖胖果，買一送一了。」爽文苦笑著說。

想不到提倡女權運動的結果，把一個女生，從兩個水蜜桃中任選一個的優勢中，轉變成兩個女生等待一個可能是爛香蕉的男生來挑選了。我豈能聽任自己可愛的女兒，將來與人家共同苦等一個爛香蕉男生來挑選呢！

想到這裡，不覺又急出了一身汗。

「在美國唸書的大女兒，就快要得到博士學位了。」爽文又苦笑著說。

「什麼？」我驚醒了，「她有男朋友沒有？」

「還沒有啊！真急死我了。」

「你這個媽媽是怎麼當的？」我毫不客氣的對她責備起來，「要她拖成老姑娘嗎？」

「我就是為這事來找你商量的呀！」爽文並不見怪，坦白的對我說：「她總是說功課忙，沒有時間，我看大有問題。」

我們兩個立刻躲進臥房，把門關好，以免女兒們聽見。然後就慎重而周密的研究起來，先把國內國外情勢分析了一番，最後擬定了一封信，寄給爽文在美國的女兒！

××女兒：

得悉你快修完博士學分，心中十分高興，在你得到博士學位的前夕，有一件重要的事，不能不先交代給你，就是：如果你不準備出家為尼的話，愈早結婚愈好。

考慮這個問題，要多顧及現實，不能幻想於象牙之塔，現在是女多於男的時代，情形也許越來越糟。你受了太好的教育，想在一樣的水準中，尋找合適的對象，已是很難。男女的不平衡不斷增長，女人向男人鞠躬，替男人開車門等事，可能為期不遠了，你不要震驚。

閒話少說，媽媽現在向你提出具體的問題，作為你的參考：

首先是觀念的問題：

（一）趕快丟掉自視很高的孤芳自賞的態度，以免造成枯木自恨的後果，勇於參加三個女性追一個男博士的爭奪戰。

（二）你既在學業競爭上向不後人，全力以赴，在贏取對象方面，也要採取主動，坐候男生來追，是落伍的封建思想，不合時代潮流。

（三）不要以為追求男生是件丟人的事，應引以自豪，嫁不到人才是真正大丟人的事。

（四）千萬不可等待「白馬王子」，那些白馬王子們，生前享有一切，死後受輪迴之報，都流落到美國德州牧場上，投胎到母牛的肚子裡去了。

（五）不必太顧慮情感問題，只要客觀條件差不多即可，像你的祖父母們，媒妁之言結婚，婚後再培養愛情可也。

（六）可降低標準，男人應優過女人的婚姻觀念，是輕視女性的封建思想，男女既然平等，太太不必低於丈夫，丈夫學識不如自己，年紀比自己輕，都不是幸福婚姻的障礙。

（七）結婚次數寧濫勿缺，離婚再嫁不難，老小姐卻常使人不敢領教。

其次是方法的問題：

（一）多找機會接近異性。

（二）找藉口保持聯繫。

（三）可用半真半假的口吻，表示自己對他的好感，以激發對方對自己的熱情。

（四）提議各自付帳的聚會，吃飯，看電影，郊遊等活動，增加與經濟困難男生交友機會。（反正人家不會一輩子經濟困難。）

（五）有男友來約時，不可拿糖，擺架子，那也是落伍的自卑思想，現在是守時的時代，如果婚前端架子，折磨男友，婚後受果報，要你受丈夫的氣。

（六）與異性相處，要保持愉快樂觀，使對方感到輕鬆喜悅，才有下次的機會，萬不可，沉默寡言，愁容滿面，使對方緊張煩惱，急欲逃之夭夭。

（七）守身如玉的信條，頗具高深的哲學意義，必要時，得須重新考慮。

以上所說，僅是原則要點，具體情況如何，要你隨機應變，靈活運用。總之，追求男性，並不是厚臉皮去苦苦哀求，是用藝術的手腕，加上誠懇待人接物的態度，形式上還可造成他求你的樣子，這都要看你的技巧如何了，你唸書廿多年，這點能力總該有吧！

你在國外，年近卅，尚無結婚對象，使父母擔憂於千萬里之外，照孔子的標準來說，應算不孝。所以，當你感到不屑於向男生表示好感時，只要想到，這是對父母盡孝，也就會覺得無所謂了。言不盡意，即祝

汝安

母字

——《人文世界》二卷八期　民國六十一年八月

孔夫子巧遇張市長

第一回　天上人間　誨人不倦

話說，至聖先師孔子，自從離開人世以來，光陰荏苒，不知多少年月。這日，夫子正與弟子們，在上天研究學問之道，闡揚作人之理，諸弟子，如坐春風，聽得融融樂樂之際，忽見子路從外急急奔回，累得氣咻咻的，一邊大叫：

「夫子！夫子！」

「子路啊，是泰山崩了嗎？你怎麼急成這副模樣？」夫子悠然的問道。

「夫子啊！」子路喘息稍定說：「我剛才路過紫竹林恰逢觀音聖誕，那觀世音帶著龍女，下凡參加盛會供養，是善財童子提醒我，夫子離開人間，已經兩千多年了呀！」

「真的嗎？」孔夫子把鬍點頭默思了一下，不禁莞爾，「可不是嗎！」

「唉！不知道我教化的人們，究竟怎麼樣了！」孔夫子的誨人不倦風度，不禁又流露出來；「子路啊！想那觀世音，倒時常下去，引導迷途的眾生；就連那耶穌，也常常去照顧他的信徒，只有我們，從未去探望過我們的子弟，想起來真是有些慚愧！」

「夫子不要這麼說，」徒眾中好像是子游的聲音，「那老子、莊子也沒有去過啊！」

「他們是方外之士啊！我們如果跟他們一樣，哪裡還算是萬世師表呢！」孔子一面說，心中也有點著急起來，這位腳踏實地的夫子，說到做到，立刻帶領弟子們啟程到世界上來了。

第二回　加油在此　先師之言

話說那至聖先師孔夫子，帶領眾門徒，前往人間，因為路途改變，弄錯了方向，一下子到了美國大陸。

夫子與他的門徒們，站在一個汽車加油站的旁邊，看見一個招牌上寫著：孔子說加油在此。

「子路啊，我說過這句話嗎？怎麼一點都不記得了呢？我為什麼叫大家在此加油啊？」

「夫子呀！你老人家是萬世之師，現在世界各國的人，都以你老人家的話，為安身立命之本，所以到處都在藉重你老的大名呢。」

子路話猶未了，卻見許多後輩的師弟們，正回頭向遠處張望，有一兩個年輕些的後進們，竟然看得眉開眼笑，忍俊不住的樣子。

第三回　什麼之營　如此這般

話說子路，看見眾人向一邊看得熱切，也就與夫子連忙順著大眾的視線看去。這一看非同小可，子路立刻滿面通紅，那夫子卻泰然自若的，把頭轉了過去，安詳的說：

「非禮勿視，非禮勿看啊！」

原來那邊有些男女老少，成群結隊的赤裸著身體，正在享受著，無衣一身輕天體營的快樂時光呢。

「不亦哀乎！」夫子嘆息著，「看來人世間治理得不好，這些人連衣服都沒得穿，不知冬天來了怎麼辦呢？唉！」一邊嘆息著，一邊就急急率領門眾走開了。

第四回　子反呵母　化外之土

話說夫子一行，離開了天體營，向前走去，但聽見吵叫之聲，近前發現，原來是一個十來歲的孩子，正在門口回頭對一個太太叫罵，那位太太，可憐巴巴的樣子，不知犯了何罪。

待再近細聽，原來這個孩子在咒罵自己的母親，好像是母親不許他去一個地方，而他非去不可。

夫子聽見兒子罵母親，不禁大吃一驚。

「孝悌啊！孝悌啊！」夫子不由得呼了出來，接著又回頭說：「子貢啊！當初我去世的時候，你選了一塊好地葬我，說我將千秋萬世永為人師，現在我才走了兩千多年，離萬世還遠得很，怎麼世上都變成這個樣子呢？」

「夫子不要難過，」子貢連忙走過來解釋，「這是化外之方呀，這裡的人民敬佩你老人家的道德學問，但並不一定行你老人家的道啊！」

「好吧！」夫子無可奈何的說，「大概我趕不上化外的時代，不習慣這些作風，還是到我們中國去看一看吧。」夫子一邊說，一邊就走了。

第五回　敬師憑據　誰敢不給

話說夫子一行，說著說著就到了台北，落腳地不是別處，正在一家書店門口。

但見那書店中人來客往，生意興隆，進內一看，書架上陳列著，《論語》呀，《四書今註》呀，《四書道貫》呀，……夫子不禁面含微笑，心中好像在說，到底是我們自己的同胞後代，總算我的教化沒有白費，至少他們沒有丟掉我的經書啊！

這時，忽聽旁邊一個小學生問他的同伴：

「今年敬師金你打算捐多少？」

「老師說，愈多愈好，是紀念孔子而敬師。」另一個小學生回答著。

夫子一聽，那坦蕩蕩的胸中，也掀起了些許興奮的漣漪，就問子路道：「子路啊，為紀念我的教化而自動捐獻，真是文明之象啊！你可知道，這些捐款拿來作什麼用途？」

子路還來不及回答，又聽那個小學生繼續著說：

「可是我媽媽說交不起錢，說學校不該強迫。」

「去年我也沒有交，被老師藉故打了板子，今年我也許偷媽媽一點錢去交。」另一個孩子可憐的說。

啊呀，這是什麼世界呀！夫子心中不免大吃一驚。

「子路啊！現在的太陽是否從西邊出山啊？水也是從下往上流吧！怎麼教化這一行，都有點反其道而行呢？」

沒有人可以回答夫子的話，這時子夏提議，爽性到學校去參觀一下好了。

第六回　七二門徒　誰窮誰富

話說夫子與眾門徒，不知不覺走到一所私立小學，這時正值暑假，沒有學生上課，可是校中有些人在開會，討論校務及收費問題，最後決定，每人收費一千九百元。

夫子回頭一看教室，都排列了七十二張座位。

「啊，真妙，正好也是七十二門徒呢！」門徒中有一干人興奮的叫著，「真是夫子之道啊！」

「唉！」夫子忽然坐在小學生的座位上，嘆了一口氣，然後又自言自語的說；「七十二個門徒，每人一千九百元，現在的老師，不但不會周遊列國絕糧於陳，他的這筆束脩，很可以環遊世界八十天了呢！」

「夫子啊！」子路連忙說道，「這些老師們，也像夫子您老人家一樣窮咧！」

子路雖然不常到世界觀光，但因他常在紫竹林走動，偶爾又到魏伯陽那裡去聊聊，所以對新時代見識較廣，現在聽到夫子的牢騷話，就不得不提出修正，又說：

「這些束脩，都由校長分配，誰知道他怎樣分配呢！」

「校長是做什麼的呀？」夫子一本正經的問。

「我也弄不清楚，聽人說，有的校長是做生意的。」

「做生意？」夫子睜大了兩眼，「做生意到教化的地方來幹什麼呢？」

「開學店賺錢呀。」子路說一說都覺汗顏。

人心不古啊！人心不古啊！夫子心中難過極了，真是斯文掃地，難怪學子們不敬重老師了，老師也可憐啊，被這些生意人播弄，但是夫子畢竟是夫子，慨嘆了一陣便說：「弟子們呀，冰凍三尺，決非一日之寒，我們不要責備某一個人了。」

第七回　你廟我廟　比較比較

話說夫子一行，正在行走中，忽聞檀香撲鼻，令人心曠神怡，不覺順香味走去，但見一座廟宇，香火旺盛，信徒絡繹不絕，走進一看，中供釋迦神像，兩旁是觀音與地藏。

「觀音因為立誓於眾生苦難時相救，所以信徒眾多，香火旺盛，地藏菩薩又立誓，在地獄等著救那些惡人，所以也受眾生參拜，」一個門徒悄悄的對顏回說：「我們夫子沒有答應眾生什麼好處，你看是否有點不對勁兒？」

顏回對那個同學瞪了一眼，正要說話，卻聽夫子說：

「太好了，觀音的信徒有增無減，看來都是他慈悲的救人救世精神，太偉大了！子路啊，我們的廟在哪裡呀？」夫子一邊說一邊走了出來。

於是一行就向孔廟方面而去。

這時候天色已暗，夫子一行，在孔廟附近找來找去，只見擠滿了賣飲食的，又轉到那邊，也是人聲嘈雜，亂哄哄的叫賣聲雜成一片。

「子路啊，你領我們入鮑魚之肆作甚？」夫子問道。

「夫子呀！你老人家不是讚揚君子遠庖廚嗎？」子路對夫子幽默的說，這時，孔廟也在眼前了。

那夫子轉了這一圈，滿臉凝重，一言不發，進了孔廟後，也不理眾門徒，一人不知沉思什麼。

沒有一個人敢出聲。

良久。

「看來我是大錯而特錯了。」夫子好像是自言自語。沒有人敢答話，連子路也不知道夫子心中想什麼。

忽然，外面人聲鼎沸。

「太不成話，太不成話，」一個人高聲說著，一邊走進了孔廟，後面跟了不少隨員。

只聽他又接著說：「堂堂一個至聖先師的孔廟，千萬人瞻仰的地方，非要好好整頓才行。」

「夫子，這是台北新任張市長。」子路趕緊向夫子說明。

夫子微微抬頭看了一下。

大家又都走出去了，夫子也站了起來，說：

「我們回去吧。」

第八回　不虛此行　斯仁至矣

話說夫子一行，聽見賣晚報的叫聲，那個叫賣晚報的人，向另外一個賣報的說：

「你看見了沒有，報上登出來，政府取消學校收敬師金了，減輕了我不少負擔，五個孩子，真不得了。」他笑得很開心。

「夫子，一切都在改了。」曾子細聲細氣的說，好像是在安慰夫子。

「我欲仁，斯仁至矣！」夫子自言自語道，神色才漸漸爽朗起來。

——《人文世界》二卷十期　民國六十一年十月

心淚

從有記憶開始，我就是問題人物。

我痛恨祖父，不喜歡母親，懷疑父親，更恨自己唯一的兄弟。

我也與老師作對，與全班同學抗拒，與全世界為敵。

到了小學快畢業的那一年，偶爾看了一本翻譯的故事書，其中描寫一個名叫紅蘿蔔鬚的孩子，人人都不喜歡他，後來他就自殺了。

我看這本書時，心中的淚從眼裡流了出來，當我看完以後，就決定步上書中主人翁的後塵，也要去自殺了。

那是民國二十幾年的時候，當時自殺不太普遍，安眠藥更是聞所未聞，所以要尋死的話，只有上吊、吞金、投河、跳井之類的法門。

如果說上吊，我們家的房子看不見一根大樑，無法吊繩子。

如果說投河，只有離城廿里的黃河，恐怕自己沒有走到就會被發覺。

剩下惟一的跳井法門，也大有問題，因為我們所住的小城中，大家吃的是井水，每一口井都川流不息的有人汲水出賣，小孩子想走到井邊都不容易。

如果那時買安眠藥像現在這樣方便的話，這世界上也早就沒有我了。

話說那時我的心中就在激烈的尋求著自殺方法，突然發生了一樁事情，使我的人生整個改變了。

說起來這樁事，也不過是一句話，但是這句簡單的話，卻像一股巨浪，把幻海漂泊孤獨絕望的我，忽然沖上了沙灘，使我重新獲得了生命的力量。

我是兄弟姊妹中的老二，在父母生姊姊時，他們已是卅多歲的人了，卅多歲才生第一個孩子，父母對姊姊的寵愛自不在話下。

過了一年，母親又懷孕了。在那個時代，我的父母實在盼望生下一個兒子，結果卻生下了我，又是一個女兒！

我這個女兒似乎有點多餘。

幸虧在我兩歲的時候，母親又生下了弟弟。

據說在我吃奶的時期，脾氣就已經很暴躁了，整日哭個不停，凡是認得我的人，一致認為我有問題。

可能是我在家中製造的問題太多了，所以在我滿了兩歲以後，就專門僱了一個老媽子，陪我進幼稚園。

這個專門照顧我的老媽子，並沒有留給我任何慈愛的印象。當然，我一定也沒有留給她任何可愛乖巧的印象，所以當我看到別的孩子在保姆老媽子面前撒嬌時，心中大感不解。甚至於當我看到別的孩子與媽媽親熱時，也認為肉麻。

隨著弟弟的誕生，家中充滿了人人對他的熱忱和興趣，這其中當然也包括了幼小的我。反正全家的愛，都無條件的給了弟弟。

大約在我六歲的時候，曾祖父去世了，父親就帶了我們全體，過渡黃河到鄉下的老家去奔喪。那時弟弟和我，對於農莊上的一切，都懷著興奮與好奇的心情。

祖父對於難得回鄉的弟弟，疼愛到了極點。一天的上午，我與弟弟正在門口玩耍，祖父來了，祖父看見弟弟就蹲下來逗弟弟發笑。

弟弟指著祖父額上的皺紋，問是什麼東西。

「是蚯蚓呀！」祖父笑著說：「你怕不怕？」

弟弟說不怕，一面用手去抓，把祖父的額頭都抓破了一點皮。

可是祖父只說：「傻孩子！傻孩子！」似乎並沒有真的生氣。接著祖父又說帶弟弟去倉房拿東西吃，我也跟在弟弟後面，一塊同祖父去倉房。

打開了倉房，看見整屋堆滿了棗子和花生，祖父抓了一大把棗子及一堆花生，一面交給弟弟，一面問他：還要不要？

「我也要！」我向祖父說。

豈知啪的一聲，我的後腦挨了祖父一巴掌！

「小妞家，還敢要東西吃！」祖父一邊說著。

我的眼淚奪眶而出，羞辱更甚於疼痛，我立刻跑開了，跑到母親那裡去訴說委屈。

母親似乎不以為奇，只淺淺的說：

「誰叫你跟著他們呢！」

我猜，這個意思大概是活該吧！

但我對祖父忽然另眼看待了，我痛恨他，因為我沒有錯卻挨了他的打。他是一個不講理的人，我心中看不起不講理的人，所以自那次以後，直到他死，我再也沒有理過他。

我和弟弟是非常親愛的，但是因為年歲相差無幾，時常吵鬧爭執告狀等等。我們之間的小糾紛，又常因向母親告狀而變成大糾紛。

如果弟弟告狀，說我欺侮他，母親會說：

「你為什麼欺侮弟弟？」

如果我告狀，說弟弟欺侮我，母親會說：

「你作姐姐的，應該讓弟弟三分！」

弟弟的必然勝利，使他有恃無恐，得意洋洋，使我則氣憤難平，找機會報復。

有一次，弟弟與我玩跳棋，當我去喝水時，他偷偷換了一步棋。被我發現後，他就撒賴，拿了一根棍子來打我，嚇得我連呼母親救命，結果聽見母親在隔壁房間說：

「天天吵鬧！你作姐姐的一點虧也不能吃！」

在我已挨了一棍子的情況下，聽到母親這句不由分說評我一個沒理的話，心中氣憤萬分。那時，我決心不依賴任何一個人了，就像瘋子一樣向弟弟衝去。弟弟看到我的情形，大概嚇住了，反而跑到屋內躲起來。

我白挨了一棍子，心中的氣不能出，就大哭大罵，我知道父母最寶貴弟弟，就偏要咒罵弟弟立刻死，使全家上下都驚慌起來。母親氣得要來打我，我就躲到自己的房間，閂上門繼續哭罵。

正在緊張的時候，忽然客人來了，這時，我更加大叫大罵起來，把我心目中弟弟的種種罪行，與母親的偏心和不公平都罵了出來，儘量的給大家難堪。

對於我的無理狂妄的態度，連客人都不好意思起來，很快的就告辭了。客人走後，母親並沒有責打我，頗出我的意料。但是我繼而想到，反正是母親和弟弟的錯，只不過我的不平則鳴使母親心虛罷了。

自此以後，我對母親就更加不喜歡了，甚至有些討厭她的心理。

在這些糾紛的家庭生活中，我常對父親抱著懷疑的態度，窺探著他的心意。

父親出差在外的時候多，在家的時候少。就是沒有出差的時候，他也多半是晚歸的，我們很少有機會和他一同吃飯。至於家中孩子們的事，他既不在場，所以究竟持什麼態度，我完全不知。

深更半夜，父親回家後，我往往注意傾聽；母親在隔壁房間向父親訴說我的不是，但是只聽見父親連連嘆氣，從來沒有說過任何一句話。

父親的嘆氣到底是什麼意思？當時對我真是一個費解的謎。

但有一樁事，我是毫不猶疑相信的，就是父親一定是最愛弟弟的。

那時，我上的小學，採取訓練學生民主自治的精神。每天的早自修後，是全班的自治會，全班討論制定自己的規則，級任老師保持旁聽指導的態度。

級會中有一項，是對遲到同學的懲罰，採取表決方式。

我們班上規定，凡遲到三次的，要在背後掛上「懶蟲」二字的牌子，在早操時示眾，算是懲罰。

在那個時候，榮譽心和自尊心是很強烈的，所以這個方法頗為有效，但是偏偏我就是一個容易遲到的人。

那一學期，可能是常常半夜偷聽父母的評語，我已遲到兩次了。這一天我去上學時，在路上遇到火警，使我不能不改道而行，結果我在鈴聲響時才進教室，實際上等於沒有遲到。

可是在級會時，大家仍表決算我遲到，我只好上臺申述理由，如理由充足可以免罰。

但是一個男生站起來說，我的理由不能成立，因為他自己住在那條失火的街上，但卻沒有遲到。

全班表決的結果，多數認為我遲到的理由不足（可見平日人緣多壞），應受懲罰，帶上「懶蟲」的牌子。但我對這種不公平的裁判，卻絕對不能接受。

當級長來執行他的任務時，被我拒絕了，他沒有辦法，只好向老師求援。但老師說這是你們自己的事，應該自己解決。

副級長又來了，企圖把「懶蟲」的牌子掛在我身上，被我一拳把牌子打掉。這時全班嘩然，但是再沒有一個人敢來嘗試了，結果我自然沒有揹「懶蟲」的牌子。

早操之後，第一課是公民。

級任老師在公民課上教訓大家一頓；老師說，公民這一課是教大家作一個堂堂正正，公公平平的人，認為大家歪曲事實，不辨是非，憑好惡意氣判斷，是一種可恥的行為。言下對於我的拒絕受懲罰，及反抗大家的不公平行為，好像並沒有什麼不對似的。

座位中有些男生發出怨言，小聲嘟噥著老師偏心等等。

說起來，我實在應該感激老師才是，但我並不如此，好像我存心要和所有的人作對似的，這又要說到後來關於作文的 樁事了。

五年級的時候，我在全校的作文比賽中，名列第二。

其實，我根本沒有參加什麼作文比賽，只不過每班的老師，在自己班上同學的作文中，挑出來幾篇參加就算了。

禮拜天，我正在學校盪鞦韆，忽然校工來傳老師的話，叫我作一篇作文，為了登在校刊上。我立刻說：「不作。」

後來老師喊我去，問我為什麼不作，我說：這又不是份內的功課，我願意作才作，不願意作就不作。

給了老師一頓沒趣，我就繼續去玩我的鞦韆，可是不久卻看見校工把父親請來了。

父親看見我，並沒有說什麼，就進了教導室。與我同玩的一個女同學叫我一塊去偷聽，可是自尊心使我拒絕了。這個同學就自己去，聽見老師說：我脾氣多麼壞，個性多麼的倔強，態度多麼的不禮貌等。

父親卻說我的情形他很了解，他也是日思夜想應該如何教育我等等。

我猜，父親是怕在老師面前丟臉，故意說著他知道我的情形一類的話，等我回到家裡，不知道他會怎麼對待我呢？

可是父親始終沒有提過這樁事，好像根本沒有發生一樣。我雖然僥倖沒有挨罵，但是父親的態度使我覺得更加是一個謎了。

大概不值一理吧？或者，我這個問題兒童的一切，使他內心厭煩，頂好快快忘掉吧！

後來，就是那本紅蘿蔔鬚的故事，使我心中的淚流個不停。

那是春暖花開的時節，但是我的心中是寂寞孤獨的。我一無是處，不可救藥，除了死是一點辦法都沒有了，人生真是太乏味了，太無意義了……。

就在這個時候，一件事突然發生了。

那一天，父親的朋友來訪，不知什麼原因，當時的一刻，家中的人都不在，那個客人就直接走進來了。

我正坐在客廳發愣，客廳裡面的一間，是父親的書房，那時父親正在書房，似乎不知我在外面。

客人進入書房後，可能因為在外面看到了我，就聽見他問父親，三個孩子中最淘氣麻煩的是哪一個。

「老二！」父親簡單的說。

忽然聽他們低聲在談論與自己有關的事，我立刻起身離開。因為無意聽到人家的背後議論，也會認為是屬於非禮勿聽的範圍，更何況又聽到父親說我是最使他煩神的一個孩子呢，我更要趕快逃之夭夭了。

可是還來不及走到門口，就聽見那個客人又問：

「你最喜歡哪一個孩子？」

「也是老二。」

轟的一聲，我的心上中了一顆炸彈。

全身的血馬上停止了流動，我已經完全麻木了。

我糊里糊塗逃回自己的房中，也不知道過了多少時刻，才弄清楚父親剛才所說的意義，原來父親最喜歡的孩子是我！

啊！我原來是被父親深切關愛著的！

我是多麼的重要啊！

我是多麼的了不起啊！

我的心又開始跳了，血也開始在流了。但是從心中流出來的卻是淚，無休止的熱淚滾滾的流著，不停的流著，流遍了我的全身，沖刷了全身細胞。

我原來是那麼笨，那麼的愚蠢啊！父親的嘆息不正是因為愛我太深麼！看見心愛的孩子總在鬧問題，他心中是多麼的憂慮，多麼的發愁啊！

母親對孩子們的反應不也是一般的觀念麼！一個操持大家庭家務的主婦是多麼的辛勞。在我無理發狂的時候，母親並沒有打我洩憤，反而忍耐著，她真是無比的偉大呀！為什麼我都不能體諒到父母的心境和想法呢？

唉！我實在太自私了！

可憐的父母親，他們滿懷的愛竟被俗塵所蒙蔽，無法使兒女瞭解。更可嘆的是，他們也無法瞭解自己的孩子，他們同我一樣的迷惘，只是他們的迷惘是由愛而起，而我的迷惘卻是由誤解而生。

天哪！我的罪業是多麼的深重！

悲憫與悔情忽然充滿在我的心中，我不能再使父母為我而煩惱了，我更希望天下的人都能丟下了煩惱……。

自殺的念頭早已煙消雲散，我的人生已經進入了另外的一章。

無情的歲月流轉，父親去世已經廿年了，他從來沒有知道我為什麼會改變，此生此世，我也無法告訴他這段真情。在人生的旅途中，任何潮汐變化，是喜是憂，都會使我心中湧出了思念的淚；每一次回顧童年往事，都不免生起了心中似海之深的懺悔。

天地悠悠，滿懷無限的思親之痛，和永無窮盡的感恩，只能藉著那縷縷的香火繚繞，向遙遠的天邊寄送！

——《人文世界》三卷五期　民國六十二年七月

探親

鳳凰木的樹頂上，開滿了火一般的花，紅遍了這一條街，遠遠樹下，站立著一個老太太，白髮銀絲般飛舞著，好一幅美麗的圖畫！

三輪車走近了，站在鳳凰樹下的母親，看出來車上坐著的我，臉上泛出淡淡的微笑。

母親在前面走進院子，我跟在後面又看到她滿頭的白髮，像雪一樣，白得發亮，那飄逸的風姿，豈是銀絲可以形容！

母親的白髮飛舞，已經快半個世紀了，回憶昔日，這白髮曾帶給我多少的憂鬱和不安！

那時，我剛進小學讀書，看見同學的母親們，都是烏雲滿頭，回家再看見母親頭上的白髮，心中不禁湧起了一陣寒澈和悲涼。

在幼稚的心靈中，似乎在恐懼著自己曾變成孤兒。

「同學的媽媽都是黑頭髮，為什麼您的頭髮都白了呢？」我終於忍不住的問起來了。

「媽媽的年紀比他們大些。」母親安詳的說。

「您為什麼比她們年紀大呢？」

對於我這個不講理的問題，母親還未來得及回答，忽然專門帶我的老媽子陳嫂接腔了：

「少白頭，先住瓦房後住樓。」

陳嫂的這句話可能是要安慰我，也可能是要打破僵局，可是我並不滿意。母親看了我一眼，繼續織著毛線，慢悠悠的說：

「半夜聽見烏鴉叫，老頭老婆嚇一跳，黎明死個年輕的，閻王路上無老少。」

聽了母親這個鄉村俗諺，心中稍覺釋然。既然生死與頭髮的黑白沒有一定的關係，也許，自己不一定會變成孤兒了……

現在，走在自己前面的母親，已經八十五歲了。那些童年時代，黑髮如雲的同學母親們，不知道有多少仍在這個世界，又會有多少仍是烏雲滿頭呢？

「路上灰沙大，你去洗洗臉吧！」母親說著，拿了一條新毛巾給我。洗了臉，突然看見了鏡中自己頭上夾雜的白髮，將來，它們也會像母親那樣的漂亮嗎？

似乎，自己沒有看見過任何人的白髮，像母親這樣的光彩奪目。為什麼母親的白髮如此的光芒透亮？在她的心中，一定有著驚人的祥和與平靜，以及無上的仁慈和寬恕！只有這個力量，才可能使這白髮，閃出耀眼的光芒！

腦海中又現出了二十年前的一幕。

那天，弟弟的飛行同事們突然來了，告訴我們弟弟殉職的噩耗。

我驚呆了，但卻沒有一滴眼淚，因為我的心中立刻產生了另一個恐懼，恐懼母親知道了這個消息，會無法活下去。她唯一心愛的獨子，她一生的希望和寄託，現在突然消失破碎了。

我們想盡了方法騙著母親，說是飛機失掉聯絡，也許飛到了香港，也許被劫持到大陸，也許……

第三天，母親卻很平靜的對我說：

「如果你弟弟已經死了，你一定要告訴我，三天是個重要的日子，我也可以燒香祝禱他早日超生，盡一盡我的能力和心意。」

在那種堅毅定力之下，我們只有吐出實情。

母親作著她的祝禱，默默的流下了眼淚，卻沒有因悲傷而崩潰。但我並沒有放心，日夜都在暗中窺伺著。

也許母親覺察到我的緊張心理，一天的早晨，她很輕鬆的對我說：

「這些天我倒睡得很踏實，從前天天害怕，怕你弟弟會出意外，現在他真的出了事，我反而不再害怕了，夜裡也能睡好了，反正一個人早晚總是要去的。」

聽了這一番話，我才比較放心了，我不知道母親是否真的不介意了，廿年來，自己常在夜半醒來時，內心浸蝕著對亡弟的哀傷，在那一刻，我總在懷疑著，是否母親也在悲泣？

但是，母親的表現真的使我感到了安慰，多年來和母親的生活中，我常常感到迷惑，不知究竟我和母親兩人，誰是安慰者，誰又是被安慰者？

「今天包餃子給你吃。」母親一面從冰箱中拿出一碗餃子餡，一面說：「昨天接到你今天要來的信，就交代工人一早去買肉，肉餡要用作料先醃幾個鐘頭才會好吃。」

「我來幫忙和麵吧。」我連忙說。

「麵已經和好了。」母親顯得有點飛揚的說：「我現在又什麼都會了，不要你幫忙。」

母親一個人在擀餃子皮，再包餃子，我坐在一旁翹著二郎腿喝茶。

八十五歲了，一生喜歡勞動，以工作為樂。

以往那些住在台北的日子，外孫們長大了，不再需要她的照應，阿婆又反對她進廚房，每天吃飯睡覺一無所事，使她心中鬱悶，體力衰退，連用筷子也會顫抖，包餃子更是不行了，現在，經過山城兩年的半鄉居生活，和她的作醫生的女兒照顧之下，每日不斷的勞動，許多事又漸漸的能做了，臉上也發出愉快的光彩。

喜愛勞動，使母親度過了多少苦痛的歲月。八年抗戰，我們姊弟三人都到後方讀書了，因為母親不認識字，無法與我們通信，她在淪陷區鄉村的生活，只能從父親的來信中知道「粗安」而已。在勝利之前，一切都是遙遙無期的，花前月下，逢年過節，心中對母親的思念和憐惜難以排遣。

豈知母親在過著十分快樂的時光，原來活動在淪陷區的抗日游擊隊，以鄉下婦女織的粗布做制服，扮成鄉民的樣子，於是母親就以一斤棉花開始，紡線織成布後，可以換成三斤四斤棉花。母親帶領著並教導著家中及鄰居同村的少婦少女們，努力織布，使生活有了意義和興趣，使漫長無盡的等待有了希望。

大家都由紡織積存了私房錢，買了私房地，母親賺的錢則扶助了她的貧苦親戚們。

「錢給任何人用都不可惜，只有自己用了才可惜。」母親一提到錢就會這樣說，而每次孩子們聽了都會大笑。

「真冤枉，姥姥！您是哪一派的哲學？」小萱已經進大學了，不免開玩笑的問她。

有一年，與朋友合夥做生意，母親也應邀參加了一份股子，結果我們都賠了，其中卻有一個人賺了，大家心中都頗不高興，生意也就拆夥了。

當我把剩下的股金交還母親並告訴她內幕時，她說：

「我們賠錢沒有關係，只要有一個人賺就好，如果大家都賠就不好了，賠了錢再丟了朋友就更加不好了。」

回憶至此，忽然心中激盪，眼睛酸澀幾乎流下了淚。難怪您的白髮如此光亮閃耀，原來根下所接連著的，是一個克己待人，無比寬恕仁慈的心！

愚蠢的我啊！為什麼當時都不能分毫的瞭解呢？

母親熟練的，但卻慢慢的包著餃子，比起從前，真是慢得太多了。

要是時光能夠倒流多好！倒流到母親十七歲嫁到我們家的時候。一個人口簡單的富農家的女兒，突然嫁到一個大家庭作孫媳婦，那日子真不好過，尤其是父親還正在外面求學。

以勤勞克己和愉快的態度挑起了重擔，母親年復一年逐漸成為大家庭中的中心人物，除夕的晚宴，曾祖母筷子上夾的第一塊肉，是給母親這個孫媳婦的，母親是大家敬慕的人。

那些蓬勃的時光，全家上下連長工在內的卅多口人，心靈上都以母親為憑藉。

十多年以後，父親畢業做事，把母親接到城裡去住，但是新環境並沒有改變了母親，她依舊保持著簡樸勤勞的生活本色，好像她的生存，只是為了促進他人有所獲得似的。

「唉！」父親常常為母親的過份苛待自己而嘆氣：「你母親的頭腦，就是用黃河之水不斷沖洗一百年，也不能改變分毫！」

父親的話未免太誇大了吧！直到母親七十歲時，我才瞭解父親的說法。

那天，為了母親的生日，我買了一件衣料送她，豈知卻招來了她一頓脾氣。

「誰希罕你給我買衣料，我什麼都有！」母親最不喜歡浪費，因為我沒有遵守她的吩咐而光火了。

她真的是什麼都有，單袷皮棉，連結婚時的陪嫁衣服也還有幾件，她真的是不需要任何人的贈予啊！

我的眼睛又酸澀起來，抬頭看見正在包餃子的母親，身上正穿著我的一件舊毛衣，外面罩著的一件燈心絨背心，卻是小萱出國時留下的舊裙了所改成的。

她的內心是多麼的富足啊！世界上有什麼東西可以與她相比呢？那無盡的海洋嗎？

母親是如此的堅強、屹立，好像世界上沒有任何人，或任何事，可以給她任何打擊。從年輕到年老，她的氣魄導引著我們。

在她還年輕的時候，算命的張瞎子說：

「你是家裡一根繩，裡裡外外你綑成。有你同心合力作，無你嘩喇一聲空。」

是的，當我們被擊零散的時候，她的幾句話就會像繩子一樣，又把我們再綑紮成原狀了。

「姥姥！」小萱到美國後的第一封信中說道：「我現在是多麼需要您這根繩子把我綑住啊！」

回去的時候到了，母親催我早一點去車站，不要誤了火車，她又忙著去搬院子中幾個豆瓣醬的罐子了。

我提著旅行袋走了，母親從不會送我們，也從不與我們說再見，在分別的時候，她總是忙事情去了。

安靜的街上鳳凰木仍然火一樣的紅，我儘力想著回到台北的事，甩掉離別的滋味，要永遠愉快的迎接未來，像母親一樣。

唉！我是多麼的幸運，也是多麼的富有啊！

——《人文世界》四卷一期　民國六十三年一月

禪、風水及其他

建議售價 · 220 元

作　　者・劉雨虹

出版發行・南懷瑾文化事業有限公司

網址：www.nhjce.com

董 事 長・南國熙

總 經 理・饒清政

總 編 輯・劉雨虹

編　　輯・古國治　釋宏忍　彭　敬　牟　煉

記　　錄・張振熔

校　　對・王愛華　歐陽哲

代理經銷・白象文化事業有限公司

台中市402南區美村路二段392號

經銷、購書專線：04-22652939　傳真：04-22651171

印　　刷・基盛印刷工場

版　　次・2017年7月初版一刷

設計編印　白象文化

www.ElephantWhite.com.tw

press.store@msa.hinet.net

總監：張輝潭　專案主編：徐錦淳

國家圖書館出版品預行編目資料

禪、風水及其他／劉雨虹著. －初版.－臺北市：南懷瑾文化，2017.07

面：　公分.

ISBN 978-986-94058-6-7（平裝）

1. 言論集

078　　106006300